動乱と王権

南北朝・室町時代

伊藤喜良

高志書院選書13

はじめに

本書は、日本の歴史が大きく転換したとされている南北朝時代前後の国家・権力や社会等を「動乱と王権」と題して論じたものである。南北朝期の争いについては、南北朝内乱という呼び方もあるが、ここでは「動乱」とした。私は現在まで南北朝時代の研究において、「内乱」という語句はあまり使用していない。その理由は、「内乱」という語感は南朝と北朝の争い、あるいは「宮方」と「武家」の抗争というような、党派の争いを中心とする意味が感じられるからである。ところが「動乱」という言葉はもっと深みがあり、その時代に生きていた人々すべてを巻き込み、すべての人々がさまざまな抗争に対処し、新しい時代を模索していたことを示す用語とみなされるからである。このことは「戦国内乱」といわずに、「戦国動乱」ということに通ずるものである。事実、南北朝時代は日本の歴史を前後にわけるほどの大きな転換が起こったのである。

「王権」にも触れておこう。この語句も私はしばしば使用してきた。「王権」などという用語より、「政権」あるいは「権力」とした方が分かりやすいのではないかとの説も存在している。しかし中世の国家を支配していく上では、「権力」というような実力だけで支配することは不可能であった。国家を支配するためには聖性を持ち、身分制・儀礼の中心・中核となるような属性を具え、人々の行為を正当化させる観念的権威等を具備していることが必要であり、そのような権威は聖性・身分制・儀礼等の中から生まれてくるのである。「王権」とは「権力」だけではなく、聖性・身分制等を含む観念的権威を合わせ持つものであると認識している。それゆえ本書においては、動乱の社会の中で王権はどのような存在であったのかを追究しようとしたものである。

私は、古代の荘園制(奴隷制)から中世封建制に発展したのは「領主制(農奴制)」が成立し、発展したことによる(「領主制理論」)とする、「領主制」による歴史発展を重視する戦後歴史学の最後のころに研究を始めたと思っている。学部学生や大学院生の時代には、領主制の研究は行き詰まってきていたが、まだ「地頭領主制」、「国人領主制」、「守護領国制」がさかんに研究されており、さらに「人民闘争研究(一揆・悪党の研究)」も注目を集めていた。私も当然このような潮流に影響されて、千葉氏にかかわる守護の問題、それを発展させて鎌倉府について雑な検討を試みたりしていた。

だが、私が「領主制」とやや距離をおいて国家論や権力論に手を染め始めたのは大学院博士課程のころからである。これ以前、『岩波講座日本歴史』(一九六三年)に載せられていた二本の論文に刺激を受けたからである。一本は黒田俊雄氏の「中世の国家と天皇」であり、「権門体制論」と呼ばれる有名なものである。もう一本は佐藤進一氏の「室町幕府論」である。佐藤氏の論文は私のような権力論に興味を持ちはじめた初心者にとって大変に魅力的な論文であった。私は最初、黒田氏の論説には批判的であった。そして成したのが、「応永初期における王朝勢力の動向―伝奏を中心に―」(『日本歴史』三〇七号、一九七三年)であり、室町期、特に義満時代の公武関係を伝奏を通して考えたものである。ここでは黒田論文については批判的であるが、後に黒田氏の「国家や天皇」についての見解を肯定的にみなすようになっていった。いずれにしても、私が「国家や王権」について考えるようになったのは伝奏の研究から発展したものである。

次に私が南北朝期の社会や文化などの研究に深くかかわるようになっていったのは、網野善彦氏の研究を批判的に検討しようとしたことから始まった。最初のきっかけとなったのは『講座日本歴史』第四巻(東京大学出版会、一九八五年)所収「南北朝動乱期の社会と思想」と題する論文である。これより以前から、「領主制理論」の行き詰まりにより、これとは異なるまったく新しい角度から中世史に大きな影響を与える研究が登場してきていた。その主役となったのが網野善彦氏であった。その研究は社会史とか民衆史といわれるものである。彼は南北朝時代を「日本前近代の歴史を前後に分かつ時期」であるとし、未開から文明への移行期であるとしていた。そしてさまざまな非農業民の研究、彼らの天皇とのかかわり、身分論、都市論などの多様な方面の問題を提起していた。

最初は網野氏の研究に批判的であったが、この論文を出発点として文学作品、謡曲、寺社縁起などの検討を通して、中世の社会意識、民衆文化、芸能、身分や差別等について関心を持つようになり、網野氏の理論に影響を受けたような形で研究を進めていった。そして次第に天皇の持つ観念的権威というようなものに接近していった。天皇の観念的権威などという側面の研究を進めた結果、私の研究の位置づけは、従来から存在している武家中心の国家論、権力論とは少し離れた立場となっていったことも事実である。

一九七〇年ごろから、二〇〇〇年代の初頭にかけての中世史研究の中での激しい時代像の変化を見据え、南北朝期前後の「動乱」「王権」の研究にかかわってきたものから、現代の研究動向をみると、このころの学界を牽引してきた論客・有力研究者等が死去した後、中世史研究を大きく転換させる学説や時代像の転換はまだ登場していないようにみられる。だが、この間、災害史や災害関係の古文書保存、その研究成果、環境史の発展等の新しい分野の提起をはじめとして、新しい視角にもとづいての非農民論、百姓論・都市論・身分制の研究、天皇制や王権論、地域史研究、対外関係論等の論文が着実に積み重ねられている。また、網野氏の研究を再検討して新しい研究方向を見出そうとしたり、従来の常識的な歴史像を離れて歴史を考えようとする研究者も現われ始めている。このような点を思えば、近い将来必ず中世史研究におおきな転換が起こり、新しい日本中世の歴史像が生み出されるものと確信している。

以上は本書をなそうとした背景を叙述したものである。本書は前述のような意識から、今後の研究の一助になればと、かつて執筆した南北朝動乱前後の時代にかかわる学会等の講演、評論、通史などの論考を一書にした。これらのものに序章的なものとして、鎌倉後半期から建武政権にいたる権力形態について触れた文を付け加えた。本書の構成はおおきく、「Ⅰ　王家と武人政権—権威・権力・聖性—」、「Ⅱ　コキマゼの文化と社会」、そして「付論」に区分した。

Ⅰは、1章「鎌倉末期の国家と王権―二つの権力の併存―」、補論「天皇家と武家政権」、2章「封建王政の流産―南北朝動乱研究と歴史学―」、3章「室町殿と治天の君―室町期の国家と王権をめぐって―」を配置した。

Ⅰの三論考は鎌倉時代後半から室町時代における動乱の中で、中世国家の特質をみ、王権が大きく変化していく様態をみようとしたものである。中世国家を複合政権国家とみなし、その国家の中での王権のあり様をそれぞれ考えている。ことに3章の論説は東北史学会の公開講演であり、「中世の王権と国家について、室町時代を例としながら述べた」ものであり、この講演の中身が当時考えていた天皇制と武門の関係である。簡単にいえば、国家統治において、天皇による国家的統合性や天皇権威を重視し、武家権力だけでは完結しない支配の実態や、天皇・朝廷、武門などの支配者集団の編成原理や機能について注目したものである。現在もこの考えに基本的な変化はない。

Ⅱは、南北朝動乱期の社会や文化について論じたもので、動乱期社会における民衆の様態、新興文化の検討から、この当時の歴史像を探り、歴史の転換を検討したものである。1章は、「バサラと寄合いの文化―都鄙・上下を「コキマゼテ」―」と、従来の社会が大きく転換する中での新しい文化、民衆像について考えたものである。2章は、「太平記の歴史観―因果業報と異類異形のなせるわざ―」と、当時の時代を活写した文学作品であり、また当時の人々にとっての現代史である『太平記』を題材にして、歴史意識(歴史観)、社会意識を探ろうとし、歴史の転換をみようとした。なお、補論「因果業報と異類異形により歴史を切る―戦乱と文学の狭間―」を付した。3章は「非農業民と南北朝時代―網野善彦氏をめぐって―」として、網野氏が提起した南北朝期は日本の歴史を二分する大きな変革期であるという説の柱の一つとなっている、「境界的な人々」の研究を論評したものである。4章は、「親房の書簡から動乱をみる―南奥羽と北関東国人の連携―」を配した。東国・奥羽社会の変化を親房の書簡を検討してなしたものであり、当時の武士層の存在形態が変化していく様子をみようとしたものである。各論ともに網野氏が提起した日本の歴史を二つに区分する「時代区分論」の影響を受けてなした論考である。

最後に付論として「捏造と誇張の歴史学―後醍醐天皇像の捏造―」を載せた。南北朝期から現代までの後醍醐天皇の行動にたいする評価について論評したものである。後醍醐天皇や建武政権をどのように評価するかということは、ときの国家のあり様に深くかかわっているということをみようとしたものである。

目次

Ⅱ　コキマゼの文化と社会

I

王家と武人政権

——権威・権力・聖性——

1章　鎌倉末期の国家と王権——二つの権力の併存——

はじめに

日本の中世という時代は、公家と武家と呼ばれている二勢力が併存していて、その両勢力が争ったり協調したりして国家を形成して、人々の支配を展開していたということが大きな特徴であった。このような日本の前近代の特質は長い目で見れば、中世という時代だけではなく、鎌倉幕府の成立から明治維新までほぼ七百年にわたって続いていたと見なすこともできる。

この長期間にわたる公武両政権の関係の中で、ただ一つの例外は、後醍醐《ごだいご》天皇が鎌倉幕府を滅ぼして権力を握り、それが二年余ほど続いた「公家一統」（「公武合体政権」）と呼ばれた建武政権の期間である。

なぜこのように長期間にわたって公・武の両権力が併存し続けたのであろうか。この点を解明するのはなかなか難しい。そこでこの問題の一断面を切り取ってみることとする。ここでは建武政権が成立する前夜の鎌倉時代末期の政治動向を舞台に、公武両政権の関係や協調・対立を素描してみたい。そして鎌倉末期の両政権の目指したものや政策等が建武政権にどのように反映されているのか、あるいは否定されているのか、新しい展開があったのかどうかという点について検討し、次の動乱期の国家と王権を考える一助にしたいと思う。

1　都と鄙の権力

公家・武家という二つの権力と規定したが、その権力を構成している公家・武家ともに封建領主階級であり、同じ立場に立つ両者は根本から対立するものでなかったことは自明なことである。しかし、両者が生まれてくる過程と、その発展に大きな違いがあったために、権力の形態は大きく異なっていったのである。

武家政権の中心となった東国、公家政権の中核であった畿内は、古代以来、大きく区分されてきた。畿内から「外国」と見なされていた東国は、律令国家の「侵略」を受けて、両者の間の抗争が長期間にわたって続き、東国を舞台に多くの「乱」や「役」という動乱が起こったのであった。平将門《たいらのまさかど》が畿内政権からの独立を宣言したことは有名であるが、歴史に大きなインパクトを与えたのは「平泉政権」である。

奥州藤原氏は本来、畿内王朝国家の辺境治安維持を主要な任務としていたのであるが、それが次第に奥羽を統括する「地域政権」に変貌していったことが知られている。そして十二世紀後半の藤原秀衡《ひでひら》時代に至れば、王朝国家の中で「自立」した政権ともいうべき存在となり、鎌倉幕府に対抗するような、もう一つの幕府ともみなされるような権力になっていった。このようなことから「平泉政権」の果たした役割は大きかった。鎌倉幕府はこの「平泉政権」の骨格を継承して成立したので、鎌倉幕府も国家の中の「自立」した政権として存在するのである。

一方、畿内(公家)政権はどのような状況であったのであろうか。律令国家から王朝国家に移行した畿内政権には、支配機構として太政官機構、地方には国衙機構が存在しており、経済的には膨大な荘園を所有していて、他勢力を圧倒していた。ただ武力組織が弱体であることが最大の弱点であった。そして政権自体は強いまとまりがあるわけではなく、政権内部は複雑で、王家、上流貴族、下流貴族、地下人《じげにん》等で構成されていた。そして彼らは時として、その地位や特権をめぐって激しい内部争いも展開した。その最大のものが平安末期に起こった保元・平治の乱である。これらの乱によって武家側の権力が大きくのびたことは周知のところである。

公家政権にとっての最大の弱点がこれらの乱により露呈したのである。本来、武士は朝廷(公家政権)に仕えるという立場であり、武士はそのような自覚を持っていたが、この保元・平治の乱以後、公家政権側は武士の擁護なしには権力が維持できないという事態になっていったのである。鎌倉幕府の成立後には、武家側は武力で朝廷を援護するという立場となり、二つの権力が国家・国政に関与していくようになる。大雑把にいえば公家は文官的な立場で、武家は軍事・警察的な立場で国家権力機構を握るのである。とはいっても公武の権力機構の相違は明確であった。それぞれ独自に所領支配を行ない、そのための法や裁判等も異なっていたし、公家側にも独自な武力組織が存在していた。鎌倉期を通して武家側の優位が次第に鮮明になっていくが、鎌倉時代後半まで国家の枠組みは一つの国家であるが、その中で二つの政権が併存するものであった。

ところが鎌倉後半の霜月騒動《しもつきそうどう》(弘安八年の安達泰盛《あだちやすもり》と平頼綱《たいらのよりつな》の対立)以後、この公武政権は急速に接近して融合する動きを見せるのである。鎌倉後半のモンゴル戦争の前までは、両政権の支配地は明確に区分されており、裁判・所領宛行《あてがい》・所領安堵《あんど》などの重要な権限はそれぞれが所持して、自立的な状況であった。だが、モンゴル戦争前後から公武の両政権は急速に接近するようになる。その要因は、元《げん》(モンゴル帝国)の襲来といった対外的な問題とともに、「悪」と呼ばれるような人々の横行があった。

この時期の中世国家は対外的には中国の元への対応、対内的には「悪」との対決が大きな課題であった。こうした眼前の問題を封じ込めるためには、必然的に両政権は連携せざるをえなかった。

この頃、在地の中から「公家・武家」という呼び方が畿内・西国の辺りから現われてくる。たとえば「公家・武家の御沙汰」、あるいは「公家・関東に申し」というような言いまわしである。このような表記がなぜ現われてきたのであろうか。「公家・武家」と記載された史料を網羅的に蒐集した古沢直人氏(『鎌倉幕府と中世国家』)は、公家の「裁許・成敗」だけでは支配秩序が維持できなくなったことを示しており、武家の存在がどうしても必要になったことの表われであると述べている。

たしかにこの頃になると、幕府の存在なしには公家の本所《ほんじょ》・領家《りょうけ》領の支配は困難になってきていた。公家と武家の二つの権力が自立的な形で存続してきたのは、荘園制や職《しき》の重層的な体系が安定的に維持されてきたからであり、それが崩れて土地支配が流動化していくと支配の形態にも変化が生じてきたのである。当時の安定的な政治状況に果敢に立ち向かい、土地の流動化を促したのが「悪」にかかわる人々であった。

当時の「悪」とは、従来の秩序・慣例・ルールなどから外れたものをすべて「悪」と規定したのであり、「悪」なるものは厳しい禁圧の対象となっていた。その中でも特に有名なものは、「悪党」と呼ばれる人々であった。この時代に生きた人々の多くは「悪」にかかわっており、従来の秩序や慣例を打ち破っていかなければ生きていけない時代にいたっていたのである。

2　東の政権—得宗・御家人・御内人—

国家を危機に陥れるような土地の流動化にたいして、公家も武家も「徳政《とくせい》」という政策で対応したことはよく知られている。公武両政権が連携して「徳政」を基調にすえて強力な政策を打ち出していくのは第二次モンゴル戦争(弘安の役)以後のことであり、これを弘安徳政(弘安の改革)と呼び、武家側の中心となって改革を推進したのが安達泰盛であることは公知のことである。

泰盛の改革は三つの柱からなっていた。

第一は所領回復のための徳政である。本来権利のない者がさまざまな手段を用いて所領を手に入れ、売買や質入れなどを盛んに行なったりしていたが、これらの所領を本来の所有者に戻すという政策である。第二は、このような徳政を遂行するために裁判制度を充実させることであり、裁判の迅速化をはかった。第三として、畿内近国を中心に多数出現してきている悪党を厳重に取り締まることであった。守護や使節らにたいして、悪党の噂がある者は御家人ならば六波羅《ろくはら》に召し出し、非御家人や凡下《ぼんげ》ならば守護が処理せよと命じるような守護に強権を付与する政策であった。ここに見られるように、悪党は非御家人や凡下だけでなく、御家人も相当存在していたことが推定されている。

このように土地の流動化や御家人の凋落などに棹さそうとした安達泰盛は、霜月騒動で失脚してしまう。得宗北条貞時《とくそうほうじょうさだとき》の外祖父である泰盛であったが、御内人《みうちびと》(得宗被官)の反撥をかい、そのトップである内管領《うちかんれい》《ない》平頼綱と対立して、弘安八年(一二八五)に一族五百人余りとともに討ち死にしてしまった。南北朝時代に成立した歴史書の『保暦間記《ほうりゃくかんき》』(作者不詳)によれば、平頼綱が得宗貞時に対し、泰盛は嫡男である秋田城介宗景《あきたじょうのすけむねかげ》を将軍にするつもりであると讒言《ざんげん》したことにより、霜月騒動が起こったと記している。泰盛は幕府の御家人を保護しようとするあまり、得宗被官で非御家人である御内人の怒りをかったとするのが通説である。

泰盛が失脚した要因は彼の政治姿勢の中にあった。国内の「悪」と対決するためとはいえ、彼が行なおうとした改革はあまりにも急進的で、復古的であり、また専制的でありすぎた。凡下や高利貸しの借上《かしあげ》はいうに及ばず、非御家人や京都被官の族《やから》など、時代の潮流に乗って経済活動を行ない、大きな利益を手にしていた人々にたいする禁圧はきわめて厳しいものがあり、容赦のないものであった。

この頃に得宗領・北条氏領が各地に拡大したのであるが、ことに日本海沿岸部や九州各地が顕著であった。御内人はこれらの所領を拠点に、日本海交易や瀬戸内海の流通を押さえて、莫大な利益を得ていたのであり、このような経済活動は土地の流動化を激化させ、従来の秩序を解体に導くものであった。そこで得ていた利益を失うような弘安の改革は、御内人にとって許容できるものではなかったのである。

鎌倉時代の後期には、経済・分業の発展によってさまざまなものが流動化して、価値観も変化していったのであるが、御家人もこのような変化に対応しなければ、生きていけないような状況になってきていた。それは荘園領主も同様であった。彼らの中でも階層分解が起こり、貧しい御家人が現われてくるが、反対に豊かな御家人も登場してくるのである。多くの御家人が所領を失うなかで、悪党になる地頭や御家人が出現することは必然であった。悪党に身を落とさざるをえないような御家人の泰盛にたいする反撥も強かった。

政局は転換した。御家人安達泰盛が失脚した後、御内人の内管領平頼綱が幼少の得宗貞時(当時、一四歳)を擁して幕府の実権を握った。彼は躊躇することなく弘安の改革路線を撤回していった。いわば在地の状況を追認する路線である。しかし権力を握ったと見られた頼綱も、霜月騒動から九年後の正応六年(一二九三)に得宗貞時に討たれてしまう(平禅門の乱《へいぜんもんのらん》)。平頼綱は徳政に不熱心であったとされている。

若き得宗貞時はより極端な形で徳政を復活させる。貞時の時代は、ますます社会の流動化は激しくなっていた。悪党はいうまでもなく、海賊や悪僧らが各地で活動しており、幕府は守護や地頭らに鎮圧を指示するものの、一向にその効果はあがらず、地頭や御家人はますます「悪」の奔流の中に身を沈めていった。

幕府は各地に追討の使節を派遣するも、いかんともし難い事態であった。貞時が専権を行使して日夜政務に励んでも、さばききれないほどの難題が幕府に押し寄せてきた。そこで貞時はこれらの案件をさばくために、訴訟は即決主義とし、幕府の裁判制度である引付《ひきつけ》を廃止したり、執奏《しっそう》(取次役)を置いたりして、膨大な訴訟に対処した。また人事異動も繰り返したが、たいして効果はなかった。

そこで発せられたのが有名な永仁の徳政令である。この法令は強烈な御家人保護で貫かれていたが、結局、失敗する。その理由は土地が流動化して、社会や経済などに大きな変化が起こっているという点や、価値観の変化をまったく無視し、「元に戻そうとする」一片の法令で、転換しつつある社会状況に対応しようとしたところに無理があった。

鎌倉時代後半の東の政権は、社会の大きな変動の中で、御家人勢力と御内人勢力の争いが激しくなり、得宗は専制を強めながらも、その両者の間で徳政にかかわって大きく揺れており、両者共に満足させることはできず、幕府の基盤が崩れていった。政策が「徳政」や「復古」に走るあまり、現実に即した対応がなされず、幕府崩壊の道を歩むのである。

3　西の政権―徳政と両統迭立―

京都の動向をみよう。鎌倉時代半ばの後嵯峨《ごさが》上皇の院政時代は、「自立」した二つの政権が協調して政治を行なった蜜月時代であった。院評定《いんのひょうじょう》制を院政の最高議決機関として政治改革を断行した。そして幕府側と協調しながら「徳政政策」を推進したのである。次の亀山《かめやま》上皇による院政は、幕府側の安達泰盛の弘安の徳政と連携しながら強力に進められた。

弘安八年(一二八五)十一月十三日、亀山院は有名な宣旨を発している。寺社領は本来神官や僧侶というような「人」のものではなく、神や仏のものであったが、次第に神官・僧侶という個人や家の所領になっていったので、これを真っ向から否定し、「一旦執務《しつむ》の人(神官・僧侶)が別相伝《べつそうでん》と称して伝領《でんりょう》していることを否定し、訴訟が起こったならば、よく調査して寺社に返付させる」とするものである。これは「別相伝」と号して寺社領が売買されたり、質入れされたりして、寺社の所領がどんどん流失していくことを防ごうとした法令である。まさに所領を「元に戻す」という徳政の典型的な例である。

朝廷側が徳政を強力に進めなければならなかった理由は大きく二つある。それは土地の流動化に深くかかわる「寄沙汰《よせさた》」と「嗷訴《ごうそ》」である。

「寄沙汰」は訴えを第三者に委託して訴訟を行ない、「不当」な裁判行為により勝訴しようとするものであった。この「寄沙汰」と類似のものとして、「面《おもて》を替える」(勝ち目がない訴人が第三者に訴訟を委託すること)という行為や、「親子の契りあり」と称したり「他人の譲与あり」と号して、「横領《おうりょう》」する行為があった(これらは自力救済行為の一種である)。

「嗷訴」は「理不尽の訴訟」と呼ばれているように、法を超越した形態で訴える寺社の訴訟のことである。このような嗷訴は神仏の象徴である神木《しんぼく》や御輿《みこし》をふりかざして訴訟し、全国各地の大寺社の衆徒《しゅと》や神人《じにん》が法に従わず、禁制にかかわらず、理不尽な行為として世俗権力からは畏れられていた(嗷訴も自力救済行為)。このような行為は世俗権力の統治を根本から脅かすものであり、朝廷としてもかかる理由から理非決断《りひけつだん》、雑訴《ざっそ》の興行を中心とする徳政の断行に迫られていたのである。

京都側の徳政政策の中心となっていたのは亀山上皇(大覚寺統《だいかくじとう》)であったが、霜月騒動によって連携相手の安達泰盛が失脚すると、亀山の没落も早かった。弘安十年(一二八七)九月末、幕府の申し入れにより、持明院統《じみょういんとう》の伏見《ふしみ》天皇が即位し、後深草《ごふかくさ》上皇の院政となった。鎌倉では徳政に熱心ではなかった御内人平一族が滅亡し、寺社興行、徳政に熱心に取り組んでいた得宗北条貞時が幕府の中枢を握ったことにより、その貞時と持明院統は親密さを増していった。

だが、持明院統時代になると、わけのわからない陰謀・疑獄事件が渦巻くようになってきた。後深草上皇が出家して正応三年(一二九〇)伏見天皇の親政となったのであるが、この親政がはじまった直後にきわめて奇怪な事件が起きた。いわゆる伏見天皇暗殺未遂事件とされているものである。三月九日の夜、何者とも知れない武士数人が内裏《だいり》に踏み込み、天皇を殺害しようとしたが、天皇と東宮《とうぐう》(皇太子)はからくも逃げ出し、無事であったとされる事件である。首謀者は内裏で自害した甲斐国小笠原一族の浅原為頼《あさはらためより》という者であったといわれており、公家の中でも三条宰相中将《さんじょうさいしょうちゅうじょう》実《さね》盛《もり》が捕縛《ほばく》されている。小笠原一族は霜月騒動で安達泰盛方として関与していたため、この暗殺未遂事件の黒幕として安達泰盛と関係の深かった亀山上皇が強く疑われたが、確実な証拠はなく、うやむやなまま大覚寺統への疑念のみが残されたのであった。

さらに京都政界内部で持明院統が有利な状況が続いていた永仁六年(一二九八)正月、伏見天皇の側近である京極為兼《きょうごくためかね》が佐渡に流罪になる事件が起こった。この事件も真相は不明であるが、もう一人の伏見の側近である関東申次《もうしつぎ》の西園寺実兼《さいおんじさねかね》との不和が原因で、実兼の讒言により為兼が六波羅に捕縛されたのではないかといわれている。この事件により、伏見は退位して、子の後伏見《ごふしみ》に位を譲った。だがこの後、西園寺実兼は大覚寺統と結びつき、後伏見天皇の退位を強要して、わずか二年ほどで後伏見は退位に追い込まれたのである。伏見と京極為兼は反幕府的な動きをしていたのではないかと見なす研究者もいるが、これもあやふやである。

この事件により、大覚寺統は勢力を盛り返し、即位したのが後二条《ごにじょう》天皇である。そして後宇多《ごうだ》上皇が院政を開始した。京都内部で起きたこれら一連の事件は、鎌倉の動きと密接につながっているものとみられるが、その具体的なつながりがなかなかみえてこない。ただいえることは、次期天皇の即位をめぐる争いだけでなく、両権力の存亡をめぐって歯車が確実にまわりはじめたということである。

さて、問題はこの後の皇太子をどちらにするかということであり、両統は激しく争い「競馬《くらべうま》」といわれるような状況となっていった。この事態に幕府が介入して、両統迭立《りょうとうてつりつ》になったものの、両統ともに不満はくすぶり続けた。さらに両統ともにその内部が分裂する状況となり、混迷を深めていったのである。

鎌倉時代最末期の両権力の政策基調も徳政であった。大覚寺統の後宇多が院政を開始すると、すぐに代替わり徳政として寺社に向けた徳政令が出され、鎌倉幕府の最後の得宗である高時《たかとき》がその地位に就くと、例のごとく代替わり徳政がなされた。力のある御家人が貧しい御家人から所領を買っても、原則として買い主の知行は否定され、本主の貧しい御家人に返付され、非御家人・凡下輩が得た所領については例外なしに寺社等に返還されたのである。徳政の対象となった御家人の所領は膨大な数であり、所領のごく一部を切り売りして急場をしのぐ場合がほとんどであるために、所領の流動化が激しくなって、所領はますます細分化し、権利関係は複雑になっていった。このような「元に戻す」という徳政にたいして、「悪党」を中心として、さまざまな階層から強い批判が起こっており、両政権の協調で構成されている中世国家は大きな危機を迎えたのである。

4　後醍醐天皇の登場と親政

鎌倉末期の政治的な動きとしては、公武一統・都鄙合体・君臣合体というような言葉が飛び交う情勢となっていた。この言葉は、各地で悪党が蜂起し、京都側の権力だけではまったく手に負えない状況にいたっていた事態を表現したものでもある。

悪党といっても多様であった。権力側からみて、単なる狼藉人から、違勅《いちょく》の咎《とが》、下知違背《げちいはい》の輩などの犯罪者、異類異形の人々や、反幕府勢力にいたるまで、権力に反抗的な行動をとる人々は、すべて悪党と呼ばれていたのである。

このように多様な悪党が跳梁するという事態は、間違いなく社会的・政治的大変動が起こっていることを示している。矛盾があるにもかかわらず、現状を維持して支配し続けようとする権力者は、変革が起こっている現実を無視し、原因を究めず、あるいは多少原因をつかめたとしても、従前の政策を繰り返して対応を誤り、さらなる混乱の深みにはまっていくのが通例である。

鎌倉時代末期の状況も、そのような事態に陥っていたように見受けられる。荘園制が大きく動揺し、職の制度は解体にひんし、所領は細分化され、土地を失う御家人や京都被官も多くなり、一方、裕福な非御家人や凡下も多く現われてきていた。このような事態を何とかしなければと採用されたのが、徳政政策である。だがそれでは状況は一向に改善されず、ますます悪化していった。

この状況の中で登場してくるのが、大覚寺統の後醍醐天皇であり、彼の親政である。後醍醐は大きくわければ二つの目的をもって行動した。一つは周知のように強烈な権力闘争によって、権力を武家の手から奪還しようとするものであった。もう一つは、従来の徳政政策を否定して、現状の社会・経済状況を肯定することであった。前者の問題は多くの研究があるので詳細は触れず、後者の問題を中心にみていこう。

後醍醐天皇（『天子摂関大臣影』宮内庁書陵部蔵、『続日本の絵巻』中央公論社より）

後醍醐天皇は幕府側と連携して徳政政策を熱心に推し進めた亀山上皇の孫である。大覚寺統は持明院統の後伏見の後、後二条天皇が即位した。そして皇太子（東宮）には後伏見の弟富仁《とみひと》（後の花園《はなぞの》天皇）がなり、後二条が急死したために、花園天皇が即位した。花園の皇太子として、尊治《たかはる》（後の後醍醐天皇）がついた。いわゆる両統迭立となっていったのである。そして後醍醐は文保二年（一三一八）に即位したのであった。

初めは後宇多上皇の院政であったが、後宇多は真言密教に傾倒して政治から遠ざかり、後醍醐の親政となったのである。後醍醐の初期の政治は好感を持って伝えている史料が多い。後宇多の院政について、花園天皇は「晩節政事《ばんせつまつりごと》とのはず、政、まいないをもってなる」というように厳しく批判している。さらに持明院統においても、京極為兼のような怪しげな振る舞いをする公家が伏見の側近として活動していたこともあって、これまた評判が悪かった。このような政界からして、後醍醐の親政は新鮮であったのである。そして後醍醐も初期においては、従前より続いている裁判の充実(記録所の整備等)に力を入れたのであった。だが彼は、従来の王朝側が呪文のように唱えていた「都鄙合体」「君臣合体」「公武一統」というようなことを主張して政務を運営しようとはしなかった。大覚寺統でありながら、大覚寺統が強く推し進めてきた「公武協調」によって、眼前の政治危機を回避しようとはしなかった。後醍醐は自分の独自の「力」で、幕府を頼らず、頼らずというより、排除して政治を行なうことを主眼としていた。この排除は権力の奪還であることより、幕府のことを「東夷《とうい》」といって憚《はばか》らなかった。

親政を具体的にみていこう。記録所を整備したと述べたが、この機関は裁判のみを担当するところではない。後醍醐の親政下ではもっと幅広く、経済政策や寺社の統制、洛中支配にかかわるような活動を展開していた。元亨二年(一三二二)から、洛中の商業・流通の統制を行なっていたことが知られている。そして酒屋に対する課税、米価の統制、飢饉に対する対応などは、記録所の活動としてみるべきものがあるとされている。鎌倉時代の後半から経済が大きく発展して、京都を中心とする流通経済は活性化していたことによる。京都は巨大な商業都市に変貌し、全国の物資、荘園年貢が続々と流れ込んできていた。そのために「悪」の発生と深くかかわっていたのである。そこで後醍醐は都市統制に厳しく臨んだ。商業活動にかかわる神人を寺社から切り離し、天皇のもとに組織したり、酒屋への課税も朝廷経済の一助にしたりした。さらに新関を廃止し、米価や酒の価格を定めたりした。

このような後醍醐の政策は、従来の「元に戻す」という徳政政策と根本から違っていて、きわめて意欲的であった。彼は現実に起こってくる多様な経済問題、政治問題にたいして柔軟に対応し、画一的な徳政などといった方針を採用せずに、新しい施策を生み出していったといえる。かくのごとき後醍醐の政治は評価すべきものであるが、また「悪」にかかわる人々との結びつきも深まっていった。

鎌倉時代末期の政策基調は、公武の両政権のもと、協調して、あまり効果があるとも思えない徳政政策を押し進めることにより、現状の大きな危機(政治的・社会的転換)を押さえようとしていたのであるが、この徳政政策から生み出されてきた悪党などを取り締まり、鎮圧するために、守護だけでなく、地頭・御家人に対して結番を定めたりして動員したものの、効果は薄かった。徳政政策はもはや破綻していたのである。

だが、東の政権の中でも、経済流通の発展に対応して、利益を得ようとしていた集団が活動していた。得宗被官、御内人たちである。彼らは徳政には不熱心であったといわれている。彼らは「現実に対応」した行動をとり、得宗領となった全国各地の港湾・都市で活動して、流通経済の中に吸着して膨大な利益をあげていたのである。そして非御家人や凡下の中でも、その利益の配分に預かる者と、弾き出される者というように二分化されていった。そして弾き出された者たちは、都市や関などの流通経済の拠点で活動する悪党になっていったのである。

後醍醐は当然、御内人勢力と協調することはなく、両者は厳しい敵対者となり、悪党層は次第に後醍醐方と結びついていったといえる。

後醍醐の強烈な意志にもとづく権力闘争は、鎌倉幕府の倒壊となっていった。討幕に参加した勢力は、

(1) 赤松則村《あかまつのりむら》・名和長年《なわながとし》らの非御家人、楠木正成《くすのきまさしげ》のような悪党勢力
(2) 北条氏のために没落させられたり、得宗専制の政治の中で、その犠牲になった勢力
(3) 足利・新田氏らの有力御家人
(4) 天皇家の所領にかかわる武士層・京都被官層
(5) 比叡山などの大寺社の武力勢力

このように五分類されている。

この分類は、北条一族、御内人を除くあらゆる勢力が討幕に加わったことを示している。これらの勢力が一致して後醍醐の政策や政治方針を支持していたわけではないであろう。(1)の勢力に関しては、楠木正成のように、朝廷や後醍醐と以前から何らかの関係を持っていた武士層が多く加わっていたことは事実である。だがすべての悪党や非御家人が天皇や朝廷とかかわりを持っていたわけではない。(1)(2)勢力の大多数のものは、北条一族の権力掌握に反撥したり、得宗の専制政治によ

って痛手をこうむった者たちが後醍醐のもとに結集したのである。

⑶⑷⑸勢力はやや複雑である。⑶⑸の勢力は、鎌倉後半期の公武が協調して行なった「徳政政策」によって利益を得たものが多かったともいえる。また⑷勢力は、多くの場合、幕府側の御内人などによって所領を削られていったものが多かったが、また反対に富を増していたものも存在したであろう。

それでもこれらの勢力が討幕の行動にいたったのは、得宗の専制と、傍若無人の御内人勢力の拡大が理由である。⑶⑷⑸の勢力は、鎌倉時代末期の経済・社会の転換の中で、そこから生み出されてくる利益をめぐって、御内人らと激しく争い、敵対関係が生じていたのである。幕府内部も激しい分裂にいたっていたといえる。

このような情勢にいたった真の原因はどこにあったかといえば、鎌倉時代後半から末期に起こってきた社会や経済の転換に、幕府や朝廷の一部はまったく対応できなかったことにあった。本主権なるものを重視して「元に戻す」という徳政政策を最後まで行なったことであり、徳政政策の大失敗がまねいた結果だといえよう。これにたいして後醍醐はまったく反対の方針・政策を打ち出してきたのである。

おわりに―後醍醐の親政と新政権―

後醍醐天皇は自分が中心となって政治を運営し始めると（親政の開始）、公武協調や「都鄙合体」と呼ばれるような政治と決別していく。後醍醐が密謀を繰り返し、最後は内裏を出奔して笠置寺《かさぎでら》に籠ったことは周知のことである。彼の強烈な意志は公家・武家の協調政治ではなく、「公家一統」の政治であった。たしかに建武政権においては、形式的には武士層を権力内部に取り込み、グロテスクではあるが「公家一統」政治になったように見える。中央の政治機構についていえば、従来の公家の議政官《ぎせいかん》組織を弱体化させて、有力公家を行政の執行官にしたり、院評定制を廃止したりして、従来の朝廷の徳政政策の中心であった政治組織を打ち壊したのである。また京都と鎌倉に存在した二つの裁判機関も解体させて、統一した「雑訴決断所《ざつそけつだんじょ》」なるものをつくり、そこを新政権の中核機関として活用し、前代の裁判や政治などを見直そうとした。だがこの機関には欠陥が多すぎて成功しなかった。裁判を充実させる目的で徳政政策からの転換をはかったのであるが、失敗であった。

政治方針・政策についてみておこう。もっとも注目されるのは所領政策がどのようなものであったかという点である。後醍醐が京都に帰還して一ヶ月半後、元弘三年（一三三三）七月二十三日に発した有名な「個別所領安堵法」とよばれる宣旨によれば、朝敵に与同した者以外は現在実際に知行している者に所領を安堵すると記されており、当知行の安堵を打ち出しているのである。これは前代の公武における基本的な方針である本主権を重視する徳政政策とまったく反対の政策であり、大きな転換であった。混乱した鎌倉時代末期の所領の動向と比較して、この後醍醐の方針は、現実離れしたものではなく、かなり当時の状況に適したものであったといえる。それゆえ、この後に「寺社徳政」は発せられるが、多くの場合に当知行安堵が優勢になっていくのである。

貸借関係にかかわる徳政令についてはどのような対応をしたのであろうか。建武政権の徳政令関係の史料は少ない。わずかに下総国の香取神宮にかかわる「香取田所文書」の中に一点残されているのみである。その文書は何回も繰り返し写されたため誤りもあるようで、かなり解釈が難しい。現在の通説とされている解釈は、黒田俊雄氏の解釈である。

「負物《ふもつ》や本銭返《ほんせんがえし》、質券沽却《しちけんこきゃく》・年紀《ねんき》沽却において、決算してみて、返却分が半倍《はんばい》を超えているならば、田畠を取り返すだけでなく、超過した分の用途も沽却者(売主)が取り返すべきである」と規定しているという。返済金額が元金の半倍を超えていたならば、田畑を取り返すだけでなく、元金の半倍を越えている分の金額を売主が取り返すことができるというものである。また永代沽却地(永代売り)については承久以後の沽却については、鎌倉幕府の下文(幕府の安堵)があったとしても、その下文は無効であり、また買主が死去してしまっていれば、売主のものであるとしている。なお、売主、買主ともに後醍醐方であったなら諸事勘案して決定する、というものであった。

建武政権のこのような徳政は、鎌倉時代後半期の徳政とは異なり、当然なこととして御家人保護などの規定はない。借財、年紀売りなどについては、多少本主権は考慮しているが、結解《けちげ》(決算)

を重くみており、永仁の徳政令にみられるような「強引な返却」といったことは規定しておらず、「問答無用」な「元に戻す」という政策ではなかったと見られる。ただ土地の永代売りについてのみ、鎌倉時代的な徳政の残滓がみられるといえる。建武政権の徳政は、当知行安堵と同様に、極端に走らず、前代の失敗を修正するものであったといえよう。

後醍醐が流通経済に対応して行なおうとしたものと考えられるのが、貨幣の鋳造である。膨大な貨幣が中国から流れ込み、鎌倉時代末期の公武両権力では対応できなくなってきていた。ましてや土地の権利を本主権にもとづき「元に戻す」としたり、借財を帳消しにするような徳政は、経済活動を混乱させるだけであった。そこで後醍醐が行なおうとしたことが、貨幣の鋳造による経済の統制であったと思われる。

後醍醐はこの貨幣を「乾坤通宝《けんこんつうほう》」と命名しようとしたとされている。貨幣鋳造は天皇の権威を示すためのものとの考えもあるが、むしろ現実の経済に対応するためのものであったとする方がより真相に近いであろう。このころの日本経済はすでに何度も触れているとおり、京都を中心に大きく発展していた。海上交通が活発となり、中国・朝鮮・北方地域・南方諸国と活発に取引が展開されるようになってきていた。現在でも各地から大量の銭や渡来品が発掘されているが、流通経済から生み出される莫大な利益をめぐって、各地で血みどろな争いが展開されていた。

その中で生み出されてきたのが、得宗・御内人らの体制派からはじき飛ばされた、反体制的な悪党らであったことはすでに述べた。京都においてもさまざまな高利貸しが現われ、特権的な座が出現し、そして寺社や公家・官人らが、彼らから利益を得ようと争っていた。後醍醐はこのような状況の中で、貨幣鋳造権を握り、流通経済を統制して、王権の強化を目論んだのである。徳政とはまったく違う思想の上に立っていたのである。封建王政を目指すような動きである。

後醍醐が前代の政策から引き継いだものがただ一つ存在していた。それは寺社徳政である。神官・僧侶が「別相伝」などと称して、神仏のもの(寺社の財産)を個人所有にしてしまっている所領等を本来の寺院・神社に返還させたことである。後醍醐は寺社徳政を除き、前代の公家・武家が行なってきた政策だけでなく、権力機構などもひっくり返してしまったのである。

後醍醐天皇が目論んだのは、封建王政であったともいわれている。あるいは君主独裁を目指したともいわれる。注目すべきは、後醍醐の行なったようなことの一定部分は、次期の室町幕府に引き継がれたのである。建武政権は義満《よしみつ》政権が出現する前史となったのであり、決して復古的な権力ではなかったといえる。

なお、後醍醐天皇は自らが権力を握った建武政権下において『建武年中行事』を著している。これを著した理由は「旧儀」を「復興」しようとしたものであるといわれている。宮廷の「年中行事」を漢文体でなく、和文体で書かれていることが大きな特徴である。後醍醐のこのような著書より、彼は復古の強い意志を持っていたようにも見られるが、しかし後醍醐が行なった政治は、復古とはとても言えないものであった。このような著作をなしたことをあえて推測するならば、専制権力・王権を修飾するものであり、観念的権威を深めるためのものであったのではなかろうか。

〔追記〕　本書は「動乱と王権」という題目であり、このテーマにかかわって建武政権以後については論究している点が多い。だが、動乱を引き起こした原因の多くは鎌倉時代後半期の政治動向にあるのであるが、この点についての叙述が構想の段階で、採用するような論考がなかった。そのために概論的にまとめたのが本論である。本論は『南北朝動乱と王権』（東京堂出版）第三章「徳政と公武政権」をベースとして執筆したものである。殊に後醍醐天皇の政治行動と権力の特質に注目した。鎌倉時代後半期から従来の職の秩序では支配できなくなってきた。しかし、中世国家の中で公武の二つの権力が徳政を基調に協調しながらなんとか政治を行なって権力を維持してきたが、その破綻から動乱に入っていく様態をみようとしたものである。なお、公武の二制度によって中世国家が構成されていた（一国二政権）という考えは『南北朝動乱と王権』を執筆した当時と変わっていない。

参考文献

網野善彦『蒙古襲来』小学館　一九七四
網野善彦『異形の王権』平凡社　一九八六
市沢　哲「公家徳政の成立と展開」『ヒストリア』一〇九　一九八五
伊藤喜良『日本中世の王権と権威』思文閣出版　一九九三
伊藤喜良『南北朝動乱と王権』（教養の日本史）東京堂出版　一九九七
海津一朗『中世の変革と徳政』吉川弘文館　一九九四
海津一朗『神風と悪党の世紀』講談社　一九九五
笠松宏至『徳政令』岩波書店　一九八三
黒田俊雄『黒田俊雄著作集』第七巻　法蔵館　一九九五

1章　鎌倉末期の国家と王権

小林一岳『元寇と南北朝動乱』（日本中世の歴史4）吉川弘文館　二〇〇九
近藤成一「中世王権の構造」『歴史学研究』五七三　一九八七
近藤成一『モンゴルの来襲』（日本の歴史9）吉川弘文館　二〇〇三
佐藤進一「室町幕府論」『岩波講座日本歴史』中世3　岩波書店　一九六三
佐藤進一『南北朝の動乱』中央公論社　一九六五
佐藤進一『日本の中世国家』岩波書店　一九八三
古沢直人『鎌倉幕府と中世国家』校倉書房　一九九一
古沢直人「北条氏の専制と建武新政」『前近代の天皇』第一巻　青木書店　一九九二
本郷和人『中世朝廷訴訟の研究』東京大学出版会　一九九五
村井章介「安達泰盛の政治的立場」『中世東国史の研究』東京大学出版会　一九八八
村井章介『分裂する王権と社会』（日本の歴史10）中央公論新社　二〇〇三
森　茂暁『鎌倉時代の朝幕関係』思文閣出版　一九九一
森　茂暁『南北朝動乱』（戦争の日本史8）吉川弘文館　二〇〇七
湯浅治久『蒙古合戦と鎌倉幕府の滅亡』吉川弘文館　二〇一二
和田英松（所功校訂）『新訂建武年中行事注解』講談社　一九八九

補論　天皇家と武家政権

中世の天皇家

日本の中世という時代は、平安時代の中頃から始まる。この時期に律令的な支配制度から荘園・公領制を中心とした土地制度が形成され、封建時代に入っていくのである。権力の形態も大きく変化していく。律令時代の太政官制度が変質して「摂関政治」といわれるものが出現し、さらに院政という政治形態が現われ、有力権門が成立して、彼らを中心とする中世国家が形成されてくる。また武家を中心とする鎌倉幕府が東国に成立する。このような中、天皇制や天皇家も変わっていった。

中世国家を考える場合に、天皇制や天皇家を無視しては国家論が成り立たない。中世の国家や天皇については後で述べることとして、中世の天皇家について考えてみよう。中世の天皇家については一言ではいい切れないが、あえていえば中世において「国王を出す家」、すなわち「王家」ということができる（ただし、室町期の王については足利氏との見解もある）。

中世の王家＝天皇家の成立は、中世の荘園制の形成と密接にかかわっている。すなわち天皇家はこれらの荘園の最大の所有者となり、最強の権門として他者を圧倒する地位を獲得していったのである。天皇家は天皇・上皇・法王・東宮・親王・内親王・王・女院等によって構成されており、この一族内部には親王らによって、さらに小さな権門が形成されていた。天皇家一族の家督（家長）は「治天《ちてん》の君」（治天）と呼ばれる人物であった。治天は院政のときは「院」（院政を行なっている上皇）であり、天皇親政時代は天皇であった。天皇家を率いていたのは天皇であったわけではない（天皇のときもあったが）。

治天の地位は平安後期に院政という政治の形態が成立したことによって確立する。院政を行なうことができるのは、天皇の尊属親の上皇であり、彼が治天となり、政務を運営して、権力を行使するだけでなく、膨大な天皇家荘園を管理し、経営し、その維持発展に努めたのである。天皇家の家長たる治天の上皇が最高権力者であり、最大の荘園所有者であったのである。天皇の地位は、国王として王権を掌握して太政官を中心とする政務にもかかわっていたが、政治の実権を治天に握られていたために、どちらかといえば宗教的・呪術的権威としての存在であったといえる。

武家政権と天皇家

最高の権門となった天皇家であるが、中央・地方の各地から武士層が台頭してきたことにより、大きな転換期をむかえる。平安末期に天皇家内部や摂関家で内部分裂が起こり、二度の内乱ののち、平氏政権を経て鎌倉幕府が成立する。鎌倉幕府は当初は東国政権として出発するが、鎌倉時代を通して次第に全国的な規模をもつ権力になっていった。

鎌倉幕府が成立すると、京都と鎌倉に朝廷（王朝権力）と幕府の二つの強大な権力が併存するようになったのである。幕府権力の最大の特徴は圧倒的な武力を所持し、将軍と御家人との間に強固な主従制を築き、それにもとづいて権力を維持しているところにあった。このような強力な武力のうえに立って、幕府中央には政務を決定するうえで中心となる評定衆《ひょうじょうしゅう》が、裁判機関である引付《ひきつけ》がおかれていた。もちろん法律も武士社会の慣例と道理にもとづいて体系的に整備されていた。上に実権のない将軍をいただきながらも、政務は二人の執権《しっけん》（執権・連署《れんしょ》）を中心に、評定衆らが合議して決定するという形態であり、また、京都に六波羅探題《ろくはらたんだい》を設置して西国を統括し、蒙古襲来ののちには九州に鎮西《ちんぜい》探題をおいた。武人政権の性格をよく示すものとして、中央に侍所、地方の各国に守護をおいて御家人を強力に統制し、荘園や郷に地頭を設置してこれに御家人をあて、年貢徴収や治安維持にあたらせた。

一方、朝廷（公家政権）はどうなったかといえば、幕府が成立したとはいえ、従来からの権力機構、すなわち中央の太政官制度、地方の国衙機構にのって政治運営がなされ、基本的な政治形態は治天による院政であった。しかし、従来の権力機構と異質な幕府が成立したために強い矛盾が起こり、幕府との間に確執が現われた。ときの治天である後鳥羽《ごとば》上皇を中心に討幕の兵をあげたのであるが（承久の乱、一二二一年）、幕府側の圧勝となり、治天も幕府側の意向によって決定される事態となった。

鎌倉時代の国家は、武家政権と公家政権の二つの政権によって構成されていた。この二つの政権は権力機構だけでなく、法律も支配地域も人的構成も異なっていた。しかし、両政権は協調して荘園・公領を支配し、共通の身分・官位・儀礼等を用いるというように、支配を維持するために、協調・共有した諸点も多い。両政権が協力して国家を形成していたのである。

このような特徴をもつ国家の中で天皇家はどのような立場、行動をとったのであろうか。鎌倉時代においても、天皇家は「王を出す家」という立場は変わらなかった。しかし、天皇家そのものは公家政権内部の最大の権門という位置づけでしかなくなったのである。では天皇家は武家政権と何ら関係をもたなかったかといえばそうでもない。鎌倉時代初期においては、源頼朝《よりとも》の娘と後鳥羽殿の間に生まれた皇子を、幕府の主に迎えようという「両主制」などといった構想が頼朝によってたてられたが頓挫した。しかしこのような天皇家の血縁者を将軍に迎えようとする考えは、その後も一貫して存在していた。

幕府三代将軍実朝《さねとも》の後継者としてほぼ了解に達していた後鳥羽の皇子を、討幕を目指していたことから後継者とすることを拒否した後鳥羽は、承久の乱を起こして敗れて隠岐に流されたが、天皇家そのものは存続し、「王を出す家」そのものを幕府はつぶすことができなかった。その後、摂家将軍を経て、宗尊《むねたか》親王が宮将軍として鎌倉に下向し、幕府滅亡まで天皇家出身者が将軍であったことは周知のところである。もちろん宮将軍が存在するといえども、幕府の実権は得宗《とくそう》にあったことはいうまでもない。とはいえ、将軍には得宗が触れ得ない権限も存在していたことにより、将軍として一定期間は鎌倉に居住し、その権威が増してくれば、京都に送り返されるという厳しい事態があったことも指摘しておきたい。

武家政権が成立した以後の鎌倉時代の天皇家は、王権掌握者たる天皇を出す家との位置づけだけでなく、天皇家の家長たる治天が公家政権内で実権を握り、その中で幕府と同様な主従制をも形成するようになっていったとされており、最大の荘園領主として、王家として存在し続けた。だがそれのみでなく、武家政権の主たる将軍をも輩出する家となっていったのである。

天皇家の分裂と「公武統一」へ

だが、鎌倉時代後半期に天皇家は分裂していく。すなわち持明院統《じみょういんとう》と大覚寺統《だいかくじとう》が天皇の地位と天皇家領をめぐって相争うようになったのである。この両統ともに公家政権の改革を熱心に行ない、院評定制を整備し、徳政沙汰《とくせいさた》、雑訴沙汰《ざつそさた》等を確立したことにより、治天の権力はますます強固になり、その権限のピークを迎えるのである。

天皇位をめぐって両統間にさまざまな確執があったが、次第に両統が交互に天皇となる両統迭立《てつりつ》という形となっていった。治天は天皇の父親の上皇がつくのがルールであったことより、天皇が交替すれば、治天の交替ということになったのである。どちらの統が天皇の位につくかはきわめて大きな問題であり、両統が幕府の支援を要請したことにより、この件に幕府が介入するところとなった。この介入は幕府が両統の争いに巻き込まれたという側面もあるが、天皇の即位をめぐって幕府がキャスティングボートを握ることになったことは事実である。

しかし、天皇家の分裂は後醍醐天皇によって克服される方向となり、討幕行動とからめて激しい動きが展開され、建武政権が成立してくるのである。ここに武家政権は消滅し、天皇家の分裂も克服されて、封建王政なるものが成立すると思われたが、後醍醐による専制政治への指向にたいして、内外で批判が高まり、再度天皇家は分裂し、足利尊氏《たかうじ》によって幕府が樹立されて武家政権が復活し、南北朝動乱となっていくのである。

南北両朝に分裂し、動乱を繰り返すのであるが、時代はあきらかに「公武一統」に向かっていた。しかし、完全に「一統」となったわけではなかった。動乱の中で、公家政権側は次第にその実権を失っていき、武家側が政治的実権を掌握するようになっていった。観応の擾乱のおりに、北朝の天皇・上皇・東宮等が南朝に拉致されて吉野に連れ去られたあと、北朝天皇の即位をめぐる儀礼や手続きなどの異例は天皇の権威そのものをも傷つける結果となり、さらに動乱の中のさまざまな権威を傷つけるような出来事により天皇家は「王を出す家」の地位も危うくなっていった。

南朝が消滅したのち、明より「日本国王」の認定を受けた足利義満《よしみつ》により、「公武一統」がなされて、朝廷は完全に義満の足下にひれ伏したようにみられたが、朝廷・天皇家は強靭な生命力をもっていた。天皇家は「王を出す家」として続いたのである。彼らは伝統的な観念的権威を保持し、身分制の源泉として、儀礼の核として、宗教的・呪術的権威として、「錦《にしき》の御旗《みはた》」の下に生き続けた。

義満の次に将軍となった義持《よしもち》は、父義満が行なったような政治姿勢を転換して、それなりに天皇や朝廷の意向を尊重し、幕府側が圧倒的に優位であったが、公・武による二元的な権力体系を築いた。以後、六代将軍足利義教《よしのり》も基本的には同様な政治姿勢を貫き、統治しようとした。室町時代後期に起こったさまざまな擾乱・内乱に、天皇による「治罰《ちばつ》の綸旨《りんじ》」が発せられ、政治的な危機状況を乗り切った。統治をするうえで天皇の観念的権威の必要性は明瞭である、といえるのである。

参考文献

伊藤喜良『南北朝動乱と王権』東京堂出版　一九九七

2章　封建王政の流産――南北朝動乱研究と歴史学――

はじめに――南北朝動乱研究をめぐって――

戦後において、南北朝動乱研究が深められたのは社会構成史にかかわる視角に基づいた研究であった。(1) 南北朝動乱研究が果たした役割は大きかった。南北朝動乱時代を革命的な時代とみなして、戦前の「万世一系の国体」史観・皇国史観に決別した「封建革命説」と呼ばれるような南北朝動乱研究は、その後批判が出たり、修正されたりしたが、その基本的視角を社会構成のあり方と、その変革における人民の役割という点を明確にしたことにより、現在までも大きな影響を与えている。その後、時代区分の問題、領主制、在地領主制、荘園制解体の可否、農民闘争、人民闘争、中世国家等々のさまざまな問題が、基本的には史的唯物論の視角にたって、南北朝動乱研究の中で検討されてきた。このような問題は南北朝動乱研究のさまざまなところで現在も論じられている。

自己が研究している時代の時代像・歴史像を提示することは、歴史研究者のきわめて大きな仕事の一つである。その歴史像は研究者が収集した史料と、事実に一定の評価を加えて取捨選択して提起するものである。この史的評価は研究者自身の歴史をみる史観・思想が当然基準となっており、研究者の責任がこれによって問われるのである。しかし、法則性や因果関係で歴史を説明する戦後の科学的歴史学について、このような法則性等で歴史像を構築することができると考えることそのものを、自己批判すべきであるとするような考え方が一部から出されてもいる。先学がどのような課題と意識からその歴史像を構築してきたのか十分検討して歴史像を提起することが必要であるといえるが、歴史を善玉論、悪玉論などという低レベルの論述によって、戦後に培ってきた歴史像を瓦解させようとする動きも急である。

南北朝動乱時代は時の政治と密接に関係する研究対象の時代であった。そもそも南北朝時代に著された『神皇正統記《じんのうしょうとうき》』や『梅松論《ばいしょうろん》』等はきわめて政治的な書物であった。新井白石の『読史余論《どくしよろん》』はどうであろうか。この歴史書も、徳川将軍への進講から出発しているので、時の権力と密接にかかわる問題意識、徳川幕藩体制の正当性という根底的意識のもとに叙述されていることはいうまでもないことである。

南北朝動乱研究が政治権力と密接にからんでいるのは、古代の壬申《じんしん》の乱《らん》以来、「天皇家」が二つに「分裂」して、武力で争う日本歴史上においてまれにみる動乱であったからである。このことから南北朝動乱史は国家と王権・天皇制の問題として疑いもなく「研究」されてきた。南北朝動乱研究が時の政治権力にもてあそばれた根本はここにあったのであるが、現在でも動乱期の王権の研究や天皇制にかかわる問題が、この時代の主要なテーマの一つとして研究し続けられている。

二十一世紀の日本において、偏狭な古色蒼然としたナショナリズムである天皇制支配イデオロギーが支配思想になるとも思えないが、その危険がまったくないわけではない。「自由主義史観」を標榜する一人である坂本多加雄氏は「「教科書をつくる会」はどういう教科書をつくりたいか」で、「網野理論ですが、要するに日本の場合の公的支配とは、公地公民制が基礎なんです。藤原氏といった、ああいう荘園貴族に私的に従属する民と、天皇の民である公民とは非常に違うんだ、ということです。こういう考え方がかなり広く抱かれていたんじゃないか。網野さんのは、まさにそういう理論です。要するに天皇というのは、日本の公共性のシンボルになっていて、（中略）征夷大将軍も、太政官制度の中の一つの役職にすぎないんですね。いってみれば、国防大臣ですよ。だから天皇からそういう将軍という役職に任じられることで、そこで初めて日本の公的支配者になれるわけです」〔坂本一九九七〕と、述べている。

この議論はまさに天皇中心史観であることを示している。日本全時代を天皇中心史観でおし通そうとする動きがあることは事実である。中世でも例外ではない。天皇制に強い批判を持ち、それが長期にわたって続いた理由を、平民の領主に対する抵抗の砦として天皇の「公」があったと考える網野氏にとって、このような引用のされ方は、きわめて不本意であり、意図するところと大いに異なっていると思われていると推定される。研究者によってなされた歴史像や史実の確定（ただし、この確定も相対的なもの）が、天皇制「美化」のドグマ、天皇中心史観によって、非科学的・観念的な歴史像構築に利用される典型であるともいえよう。

天皇制支配体制を夢みる「研究者」の歴史観やイデオロギーによってなされる歴史像・時代像も当然存在することとなり、思想闘争が激化することになる。歴史学には歴史像をめぐって、その正当性を争う点が存在している。歴史像をどのように描くかは、現代の人々の生き方に大きな影響力を持っており、歴史学の果たす役割は限りなく大きい。政治的意図で歴史像を歪曲して描いた典型的な時代が南北朝動乱時代であった。以下、王権と歴史像にかかわって検討していくことにする。

1　南北朝動乱と天皇制の評価をめぐって

社会構成史の観点から南北朝動乱期を評価した松本新八郎氏の「封建革命説」以後、この動乱期を画期として大きく評価したのは網野善彦氏である〔網野　一九八四〕。網野氏は日本民族の根本にかかわるような大転換が南北朝動乱期にあったとするのである。この網野氏の論点は周知の点が多いので省略するが、実は、中村直勝氏の戦前の議論にきわめて近い。中村氏は、庶民のあり方の大きな変化に目を向けるとともに、天皇の政治的実権の喪失に着目している〔中村　一九三五〕。もちろん中村氏の議論は素朴な指摘が続くのであり、網野氏の転換論はきわめて精緻であるが。民族的観点から南北朝動乱時代をみようとする視点は、中村氏だけでなく近代日本の歴史学の中に深い根を持っている。内藤湖南の応仁の乱以後が「われわれの真の身体・骨肉に直接触れた歴史」〔内藤　一九六九〕と述べたことはよく知られているところであり、このような庶民生活や文化の視点から動乱期をみようとする観点は江戸時代までさかのぼるとされているのである。天皇制と庶民の生活や意識の転換から南北朝動乱時代を評価する観点は現在も強い潮流となっている。

南北朝動乱と天皇制にかかわっての戦後の研究を追うと、天皇制はこの時期に実質的に断絶したのか、それとも大きく性格を変化させながら王として存続し続けたのか、またはより強靭な天皇制に変化していったのか議論が分かれている。戦後の中世天皇制の議論は、天皇制を古代的な権力・権威とみなして、王権を喪失したとし、中世国家の王権掌握者は幕府・将軍とするのが一般的であり、天皇の役割をきわめて過小評価する議論が盛行したのであるが、黒田俊雄氏によって権門体制論が提起〔黒田　一九九四〕されて以来、中世天皇制、王権について幅広く検討されるようになり、中世国家、中世天皇制についての研究が飛躍的に発展したことは周知のところである。ただ黒田氏の権門体制論は南北朝以後についての国家体制と天皇を王権掌握者とする点について、十分に説得的な実証がなされていなかったことにより、種々の批判がなされたのである。

黒田氏の権門体制論の提起以後、中世天皇制の研究は飛躍的に進展し、また網野氏の民族的次元からの転換という問題提起を受けて、中世天皇制研究も中世身分制の問題、「公」の問題、観念的権威、呪術等を通してのイデオロギー装置の実態の解明等に大きな深化がみられた。黒田・網野両氏とは位置しているところがやや異なっているが、中世国家論や王権論に大きな影響を与えたのが佐藤進一氏である〔佐藤　一九六五・一九八二〕。建武政権の綿密な分析のもとに、新政権のなかに宋朝型の君主独裁体制をみようとしたり、中世の国家を王朝国家と鎌倉幕府の二つの国家による複合国家と規定したり、将軍権力を主従制支配権と統治権的支配権によっているとする権力の二元性を指摘したりして、国家と王権の研究に大きく貢献した。現在では天皇の政治権力の喪失をめぐって中世国家とのかかわりから、武門＝足利義満が天皇から王権を簒奪しようとしたのではないかとの研究も出されており［今谷 一九九〇］、南北朝動乱と天皇制にかかわる議論が新しい視角から展開されている。

だが近年の中世天皇制研究に疑念を持っている向きがないでもない。網野氏の議論は「天皇の元首化と国民主権のあいまい化をめざそうとする人々が主張している命題とネガティブ・ポジティブの別はあれ論点を共有しており、それゆえ緊迫感も、ある種の危うさもただよわせる主張となっている」(2)［高橋 一九八六］、「宗教的呪術的権威にしろ文化的権威にしろ天皇を変わらぬ権威として評価する一九九〇年代の天皇制論の特徴は、奇妙なほど戦前の天皇制論と軌を一にしている」［井原 一九九五：三五頁］との批判は、前述したように「新しい教科書を作る会」の企画者の一人が網野氏の「公」論を天皇制維持の「梃子」として活用していることからも、それなりに正当な批判といえる。

たしかに天皇の権威だの、オオヤケだの、呪術だの、血統だのという天皇制を美化しかねない「語句」や「用語」がずらずら表われてくると、「ある種の危うさ」を感じないわけにはいかないであろう。また戦前の天皇制論と軌を一にしていたり、論点を共有していたりする点がないわけではない。天皇制の研究が深化すればするほどこの論点の「共有」点は多くなっていくものと考えられるが、論点を「共有」することは、学問の性格上批判されるべきことではないと考えられる。問題となるのは歴史像・時代像を「共有」するかどうかである。その時代全体を見渡した歴史像の中に天皇制をどのように位置づけるか、その時代の社会の全体構造の中にどのように位置づけるかという点が問題である。論点は「共有」していながらも、進歩の観点に立った歴史像を構築できるかどうかである。進歩というときに、その内容も難しいところがある。

何が人類にとって進歩であるかは議論のあるところであるが、少なくとも人類が現在まで培ってきた民主主義や、基本的人権、民族自決権、平和の権利、環境権に敵対するような歴史像、時代像を描く「研究」には、歴史の縦糸を通してそれに対置するような歴史像を構築する必要がある。また現在、一部の研究者によって強く主張されている現代歴史学を「自虐史観」と称して攻撃することにより、日本国民を独善的、侵略的、排外的な民族意識を高揚させようとする主張は、戦前の侵略的、狂信的ナショナリズムと同様な国家形態や国家統合を招く「呼び水」にならないとも限らない。急激な社会の変化により、歴史学の役割は色があせたのではないかとの観測が一部にみられるが、決してそのようなことはない。南北朝動乱研究も過去の苦い経験にたって、同じ轍を踏まないように研究を進める必要がある。南北朝動乱時代を戦前のような狂信的なドグマで描くのはもとより、戦後の「封建革命説」「領主制論」だけで描く時代でもなくなっている。また単に南北朝動乱期に天皇制が衰退したとして済ます時代でもなくなっている。新しい動乱時代像が求められているのである。

2　封建王政を志向した二つの政権

南北朝動乱の「入口」の権力である建武政権ほど近代歴史学、近代の学校教育、政治思想等に大きな影響を与えた権力はない。そしてその評価が大きく分かれた権力であることもまた例をみない。王権を掌握した後醍醐《ごだいご》天皇について、戦前は「王政復古の大理想」をとげたと称賛され、「天」・「神」に優るような評価を受けたのであるが、戦後は一転して復古反動の権化と評されるようになったのである。さらに戦前に後醍醐をイデオロギー的に利用した位置づけへの反動からか、後醍醐天皇にたいする感情的反発もみられないわけでもなかった。

戦後の一時期、天皇制の研究は戦前の反動もあってか、個別研究が散発的になされただけであり、個別論点ではみるべきものもあったが、体系的な研究はほとんどなされなかった。必然的に建武政権や後醍醐天皇にかかわる研究も等閑視されたり、きわめて反動的な政権と断定され、研究者の「食欲」をそそらない研究状況が続いたのである。「新政は、徹底した復古であって革新ではなかった。歴史を推し進める政治ではなくして歴史に逆行する政治であった」〔佐藤 一九五四〕とみなすのが通説となっていた。

だが、佐藤進一氏が『南北朝の動乱』〔佐藤 一九六五〕で建武政権について新しい評価を試みて以降、建武政権や後醍醐天皇に関する研究が次第に深まっていった。佐藤氏は『南北朝の動乱』で建

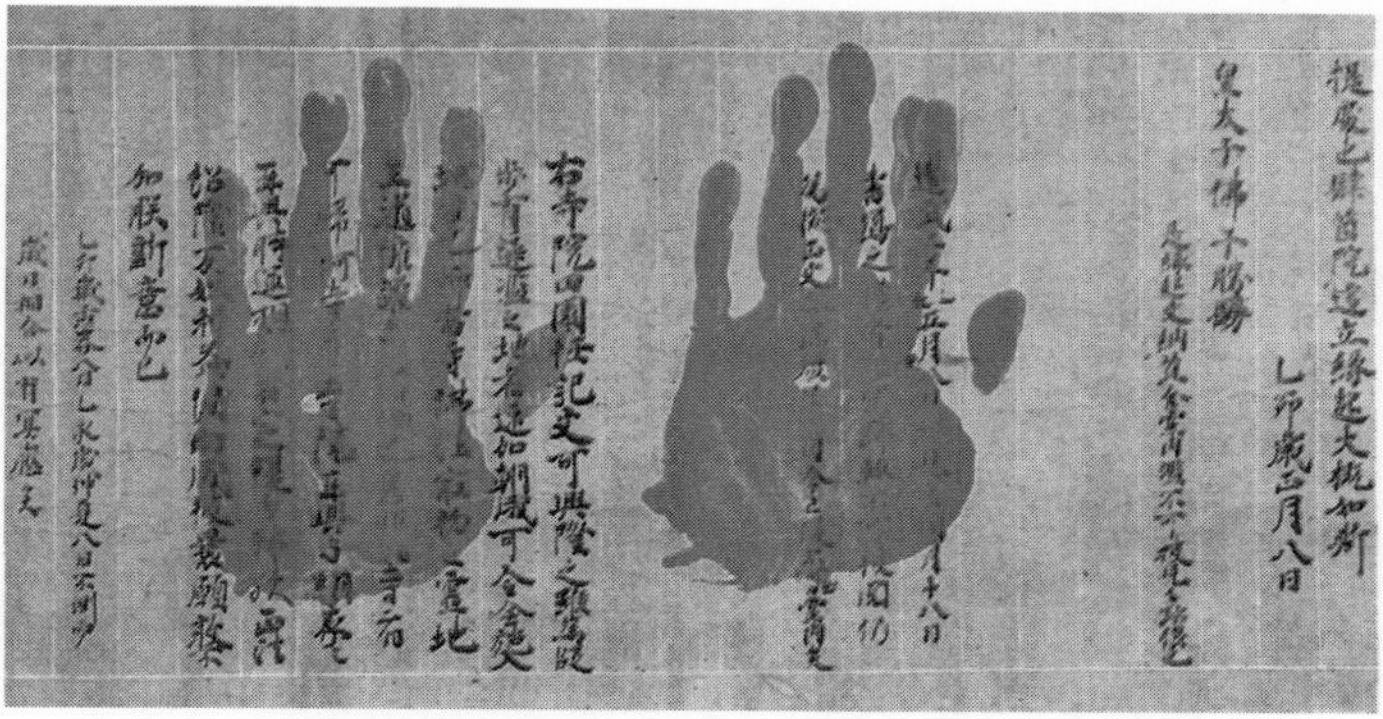

後醍醐天皇宸翰と手印（『四天王寺縁起』宸翰本）
大阪の四天王寺に伝わる『四天王寺縁起』を、後醍醐天皇が建武２年（1335）に宸筆をもって書写し、その証印としてみずからの手形を捺したもの（『図説日本の古典太平記 2』集英社より）

武政権を基本的には復古的政権とみて、「個別所領安堵法」などの分析から「綸旨万能《りんじばんのう》」の天皇独裁政権と規定したのであるが、その後の研究に大きな影響を与えたのは、後醍醐の独裁政治体制は中国の宋朝で顕著に発達した君主独裁体制をモデルにしていたという指摘である。その理由について、後醍醐は早くから宋学に親しみ、さらに中国の政治制度や文物への関心が旺盛であったことを挙げている。そして、宋朝の政治制度と建武政権の制度との間の似ている点を、地方制度などを通して指摘しているのである。

佐藤氏はその後に刊行された著書においては、建武政権を復古反動政権と明確には規定しなくなっている。しかし後醍醐の独裁的政治体制についてさらに研究を精緻に展開して、官司請け負い体制の解体に視点を絞り、上層貴族の議政《ぎせい》の機能を排して、天皇に権限を集中する改革をすすめたとし［佐藤 一九八二）、建武政権の性格を君主独裁政権（復古反動政権とは規定していない）と規定するようになっていった。

一方、建武政権の研究に大きな影響を与えたのは黒田俊雄氏の「封建王政志向」論である。黒田氏は建武政権を復古反動政権とする見解を批判して、後醍醐は封建国家機構を王権中心に再編強化する方策を持った権力であるとし、封建王政を意図した権力であると解するべきであるという［黒田一九九四］。しかしこの政権は、黒田氏の提起する権門体制を克服するだけの条件を備えていなかったとしている。その理由は、後醍醐をはじめとするこの政権を構想した人々の階級的立場が反動的であったからであるという。

佐藤氏は後醍醐によってなされた政治体制を君主独裁体制としているが、黒田氏は君主独裁体制、復古政権とは決していわない。彼にいわせれば、天皇の恣意からでなく、客観的に、権力を王権に集中する封建王政的な権力構造への方向があったとみなしているのである。この指摘はきわめて重要な点であると思われるが、しかし、このような志向がありながらも、権門体制を克服しきれなかったとするのである。

君主独裁体制への志向か、封建王政への志向か、どこが建武政権にたいする両者の認識の違いなのか。佐藤氏の君主独裁体制は中国の宋朝をモデルにしている点で明快である。黒田氏の場合は宋朝には触れない。西欧中世の封建王政が念頭にあるようにも思える。大山喬平氏にいわせれば、黒田氏の建武政権＝封建王政は顕密主義にもとづく宗教的色彩の濃厚な封建王政であるという［大山一九九五］。「後醍醐が顕密仏教を支配する態度」を黒田氏が指摘したことをもってそのようにみなすのである。日本的な封建王政ともいえる。

筆者も建武政権を検討してその実態をみようとした［伊藤　一九九八］。その権力機構の実態は疑いもなく、佐藤氏が指摘したように、宋朝をモデルにしたものであると考えている。そしてその政権は、天皇＝王権に権力を集中する封建王政という以外ないという結論を得た。たしかにヨーロッパ型の封建王政とは異なっている。西欧中世の封建王政は、権力の分散をある程度前提として成立していた。だが建武政権は権力集中型の宋朝に習った封建王政を目指した。宋については封建国家かどうかについては議論のあるところであるが、アジア的な封建国家ともみられ、建武政権も宋朝型の官僚制を含み込んだようなアジア型の封建王政を志向したという以外ないであろう。そして、このような封建王政への方向を求める動きがあったことを、後醍醐が封建王権の掌握者になるかどうかはともかくとして、筆者も確認しておきたい。しかしこの封建王政は「流産」した。

南北朝動乱の「入口」の政権が封建王政を志向したのであるが、動乱を終息させた「出口」の足利義満《よしみつ》政権も封建王政を志向した権力であったといわれている。この封建王政は、ある程度権力が分散した形態を前提とした封建王政を目指したものであるといえる。

戦前においては、足利義満の評価は芳しいものではなかった。批判された点の一つは僭上《せんじょう》の振舞いと奢侈《しゃし》であり、さらにもっとも強く非難されたのは対明外交で「日本国王臣」と称した問題であった。大義名分論から「国賊」などと論断されたのである。

戦後に至れば、当然評価は大きく変化していった。まず佐藤進一氏が義満と天皇の関係について、かつて僭上と称せられたような義満の行動は天皇制否定の方向を示すものではなく、むしろ天皇制を温存してその権威を借りて、将軍の権威をその方向性に近づけることによって将軍の権威を絶対化しようとしたのではないかと断じた［佐藤 一九五四］。しかし後にはこの見解を修正する。

義満は幕府と王朝を合わせた日本の統一的支配者となったのであるが、明への臣従は、明から日本国王と認められることによって、なしくずし的に進めてきた天皇位の簒奪を別の形で完成させようとしたとし、義満の父祖の代までは天皇の権威が将軍の地位を保障したが、簒奪が実現すれば、彼の地位を保障する権威は国内に存在しないことより、明に朝貢臣従する道を選んだという［佐藤 一九六五：七〇頁］。佐藤氏のこの議論の中に現在でも研究の中核となっている論点がすべて出されている。

黒田俊雄氏も室町幕府は、依然として権門体制を克服しきらなかったとしながらも、室町幕府はいまだ弱体ながらも実質的に封建王政を志向したものであるといえるとしている［黒田 一九九四］。黒田氏の室町時代も権門体制国家とする規定にたいしては批判も多く、義満政権を公武統一政権とみなし、義満が「院政」を開いたとする研究もなされているが［富田 一九八九］、黒田氏の封建王政を志向した政権との見方は妥当な見解と思われる。もちろん佐藤氏は封建王政とは一言もいっていない。

前記の佐藤氏の見解をさらに発展させたのが今谷明氏である。今谷氏は佐藤氏が引いたレールをさらに詳細に検討し、簒奪イデオロギーとして「百王説」をあげ、それで佐藤説を補強しながら、佐藤氏が将軍の公家化現象とする様態と、天皇・上皇に准ずる儀礼を検討し、義満が天皇位を簒奪しようとしたことを詳しく論じた［今谷 一九九〇］。

義満政権を国家と王権にかかわる問題からみてみると、いくつかの注目すべき点が指摘されている。第一に、室町期の国家と権力の形態をどう規定するのかという点、すなわち権門体制国家か、公武統一政権か、封建王政か、または大名領国制か。第二に王権の掌握者はだれか、天皇か、義満か。第三に第二点とかかわって、義満は皇位を簒奪しようとしたのかどうか。

筆者は義満政権を公武統一の封建王政を志向し、義満は王権・皇位を簒奪しようとした可能性が強いとみてはいるが、皇位は歴史的事実として、簒奪できなかったことは明らかであり、公武統一の封建王政になったようにみえながらも、確立せずに崩壊していったとみなし、王権も完全に掌握しているわけではなかったと考えている［伊藤 一九九八］。この点について佐藤氏は「将軍の公家化とよばれる現象は、将軍権力が王朝国家権力の実体部分を奪取して、残された観念的部分にも及ぶときに生じた現象であって、将軍自身が天皇家の一員となり、天皇と一体化する過程を示すもの」［佐藤 一九六三］と、将軍権力＝義満権力が国家権力の実体部分を掌握しながらも、それのみでは王権の掌握は不十分であるというのである。ここにどうしても天皇がかかわってくるのである。

南北朝動乱の「入口」の建武政権も、「出口」の義満政権もいずれも権力を集中して、君主専制政権、または封建王政を志向した権力とみなされている。ただこの両政権の根本的相違は、建武政権が王朝権力の系譜を引く「文官」を中心とする権力にたいして、義満政権は、義満が室町幕府の三代将軍を経ているという「武門」の出身であるとしていることである。「文」と「武」という、日本の社会の特質にもかかわるような相違がこの両政権にあること、すなわち日本社会が「武」を好み、以後「武」が権力を握り続ける転換が、この義満政権であったとみなしていることである（この見解について古くは新井白石の『読史余論』があり、現在の研究者の多くも白石の見解に近い）。

だが、義満政権は本当に武家政権なのであろうか。佐藤氏も今谷氏も天皇家と一体化、あるいは皇位の簒奪という点を注目しているが、その本質は武門とみなしている（ただ今谷氏は義満を順徳天皇五代の皇胤ともしている）。他の研究者も公家と武家を明確に区別して、その権力の特質を描き出そうとしている。義満が室町幕府の将軍であったことより武門とみなすことは当然と思われる。義満の経歴そのものはかなり複雑であるが、義満が将軍の地位をバネにして「日本国王」まで突き進んだことは明確である。だが晩年の義満政権、封建王政を志向した時期の義満の権力の様態を単純に武家政権と規定してよいであろうか。この点について再検討しておく必要がある。

3　足利義満と「文治政権」

足利義満の王権にかかわる経歴は以下の通りである。便宜的に三段階に区分した。

(1)　応安元年（一三六八）十二月、征夷大将軍に任じられた。この時、十歳。応安六年（一三七三）に

参議、永和元年（一三七五）従三位、永和四年（一三七八）権大納言・右大将、康暦二年（一三八〇）従一位となる。

⑵　永徳元年（一三八一）内大臣に任じられて家司《けいし》・職事《しきじ》を置く。この頃から公家様花押を使用するようになる。翌永徳二年（一三八二）左大臣となり院の別当に補される。永徳三年（一三八三）源氏長者となり奨学・淳和両院の別当に補任され、准三宮《じゅんさんぐう》の宣下をうける。嘉慶元年（一三八七）左大臣辞任、明徳三年（一三九二）左大臣に再任される。

⑶　応永元年（一三九四）将軍辞任、嫡子義持《よしもち》将軍となる。同年太政大臣に任じられる。翌応永二年（一三九五）太政大臣を辞任し、出家する。以後、法王に擬して行動する。応永八年（一四〇一）正月に北山第において沙汰始、明への国書に「准三后道義上書大明皇帝陛下」と署す。翌九年、明使が来朝、明の国書に「爾日本国王源道義」とあり。応永十年（一四〇三）義満は明へ「日本国王臣源表」とする国書を送る。応永十三年（一四〇六）妻日野康子を天皇の准母となし、准三宮とす。翌年院后宣下がなされて北山院となる。応永十五年（一四〇八）天皇北山第に行幸、義満法服着用、義嗣《よしつぐ》内裏にて親王に准拠して元服、義満死去。

⑴の時期は、義満が将軍となり、父義詮・祖父尊氏の極官である権大納言に昇った時期までであり、武家として、武家の儀礼等で政治運営をした時代で、室町幕府が確立して隆盛を迎えはじめたときであり、この時代を補佐したのは管領細川頼之《よりゆき》であった。

⑵の時代は、父・祖父の極官を越え、将軍ではあるが、大臣・院別当・源氏長者・准三宮として

公家政権内部の最有力者として活躍した時代である。実質・形式ともに公武両政権の中で最高実力者として権勢をたかめていった時期である。そして次第に武家の立場より、公家の立場に軸足を移していったが、いまだ公家の日記等の中で「武家」とよばれている時代であった。

(3)の時代は、将軍を辞任し、その職を義持に譲り、さらに太政大臣をも辞退して、准三宮として、後には「日本国王」と称して政治を牛耳った時期である。この時期は「北山殿」と呼ばれており、公家も内心はともかく、義満を武家とはみなしていなかった。またこの時期から公家の伝奏《てんそう》らが義満に仕え、義満の意を奉じて伝奏奉書《てんそうほうしょ》を発しているのが特徴である。

現在、(1)の時期の最後の永和年間末と、(2)の時期の永徳初年までの間が注目されている。家永遵嗣氏の研究［家永 一九九五］によれば、この時期に儀礼構造が変化してきたという。すなわち武家的な儀礼構造から、公家的な儀礼構造になったという。つまり、この期が義満の「公家化」の出発点であるとする。また内大臣になった義満が「内大臣足利義満家政所」を整備したことより、政所《まんどころ》に出入りする公家を「家司」あるいは「家礼《かれい》」として組織していくという。さらに(2)の時期で重要なことは、義満が後円融院庁《ごえんゆういんのちょう》を完全に支配したことも注目されている。すなわち朝廷内部の政治機構を完全に押さえてしまったことに注目しないわけにはいかない。将軍でありながらも、この時期に義満はほぼ「公家」となったことを示している。

(2)から(3)の時期への移行で注目されるのは、伝奏奉書の出現である。後円融上皇が死去した後に伝奏奉書が多数発給されるようになったが、このような状況について家永氏は、院庁を掌握し、義満と公家との間に家礼関係（伝奏の多くは家礼であるという）が広範に展開していたから、院庁の指令が義満の仰せとして既成事実となっていったからであるという。ここの時代は義満が形式的には武家を捨てて、完全に公家として行動していることを示している。この時期は義満の「公家化」から、義満が公家になった時代であるといえる。

　義満の血統は確かに足利の血筋である。また室町幕府の将軍であった。これは疑いもない事実である。公武を区分する基準を血統だけで考えていいのかという問題もあり、(3)時代の義満政権は本当に武家政権なのか、「公家政権」とみなしたほうがいいのではないかと考えるがどうであろうか。義満の晩年を「武家政権」とみなさないで、公家とみなすことに拘泥しているのは、封建王政の問題とかかわっていると考えているからである。この時代の歴史像・時代像を一つの側面からみてみたいからである。

　建武政権はいうまでもなく、「公家一統」政権と呼ばれているように、いわゆる武人政権である鎌倉幕府を滅亡させ、「文」を中心として成立した権力であった。日本の中世という時代は、「各有総王、而権常有強臣、其民多習武、少習文」[3]〔入間田　一九九二〕であったという。「総王」が天皇か将軍かは議論のあるところであるが、どちらであっても常に武人政権（＝「強臣」）の時代であったとされている。そして、人々の多くは「武」に親しんでいるという。建武政権のときのみ、「文」を主とする政権が樹立されたといい、そのモデルは宋朝型の君主専制の政治形態であったと指摘されているのである。だが、北山時代の義満政権も武人政権の要素が少なく、公家の上に乗った擬「公家政権」＝「文の政権」としたならば、どのような歴史像が組み立てられるであろうか。

義満政権が公武のどちらの要素を持っていてもどうでもよいと思うかもしれない。しかし、義満が永徳年間以後、あれほどの権謀術数を使い、公家化し、「摂関家」化し、上皇の地位を狙って儀礼のまねをしたのはなぜかという点を追究しなければこの時代が明らかにならない。また将軍職を義持に譲ったのであるが、義持はまったく実権を持たず、義満政権の侍大将的地位さえ疑うような場面さえあるのである。義満は幕府機構を有力な後ろ盾としてはいたが、それから超越していたことも事実である。

義満のさまざまな行動を見ると天皇家と一体化し、あわよくば天皇の地位に義嗣を据えようとしていたであろうことを推測することは可能である。天皇家との一体化、上皇のように振る舞う義満の意図は、王権を完全に掌握するところにあったことは疑いもない事実である。だがこのことは対明外交の問題ともかかわってくると思われる。

義満は中国との交渉の中から、辺境・武人政権でなく、文治の政治理念をもって、中国のような文人官僚を基礎に、中央集権的政治組織を構築して一人前の文明国家を樹立しようとしたと推測することも可能である。さらに義満は公家・上皇となり、律令以来の官僚組織(官司請負制等によって大きく変化しているが)を乗っ取って、中国に対比できるような中央集権的な文治国家を構築しようとしたともみられる。

後醍醐や義満の意図はともかくとして、客観的にみたならば、両政権ともに「文治政権」をめざして動き、中国に比することができる君主専制体制に基づいた封建王政を樹立しようとしたものと考えることができるが、結果的には失敗に終った。失敗で終息したとはいえ、この試みを決して低く評価するべきではない。日本中世においても武人政権ではなく、アジアの中国や朝鮮等のほかの諸国と同様に、未完とはいえ文治国家をめざす動きがあったことの評価は低くすべきではない。中国においても、常に文官が優位であったわけではない。武人の優位の時代もあった。唐から宋への移行期をみれば明らかである。この時代は武人が大きな勢力を持っていた時代である。しかし、最終的には宋朝の文治政治となっていったのである。

日本も武力・暴力を尊び、武力のみを持ったものが権力者になれるという武人政権コースと異なる、東アジアのほかの諸国と同様な権力形態を模索する動きが、辺境・島国の「武」を好む小国の中にも存在していたことに注目しなければならない。たとえば、義満の主観的意図は措くとして、義満の後継者に子の義嗣をあてようとしたことなどをその動きとして挙げることができる。足利義嗣は武門の棟梁でないことは明らかで、将軍は義持であった。結果はたぶん失敗に終ったであろうが、義嗣「天皇」即位の直前まで至ったことは注目される。このようなほかの東アジア諸国と同様な権力形態を模索した時期が南北朝動乱の時代であったのである。

二つの権力による「封建王政」を目指す道が閉ざされた理由と、その後の歴史的影響について見つめる必要がある。

4 「未開から文明へ」の第二段階

戦後の歴史学は、「進歩」という観点を基準に歴史を判断し、歴史像・時代像を造りあげてきた。中世史研究においても、鎌倉幕府の成立を進歩的と評価し、武士層による支配を領主制と規定して、古代の奴隷制と異なる歴史を推し進める進歩の立場に立つ勢力とみなしたのである。その結果、領主制研究が隆盛となったのであるが、それが行き詰まっていったことは前述したとおりである。戦前の天皇制支配、「聖なる天皇」への反発・批判からか、戦後の中世史研究者の願望は、中世という時代から、ことに南北朝動乱以後に天皇制を「無くす」こと、解体・衰退したとすることであった。「無くす」ということは、歴史像のなかで、無視とまではいかないが、きわめて軽んじることであった。

天皇制にたいする批判は強かったが、その一方で武門にたいする批判は弱く、むしろ高く評価するという状況が続いたのであるが、次第に武士・武門の研究も進み、その持っている負の側面も明らかになり、現在では日本軍国主義の源流を、中世の武人政権のあり方までさかのぼらせて検討しようとする研究動向が現われてきている。戦前は天皇制とむき出しの暴力集団を中核とする軍隊、すなわち軍国主義という二つの柱によって支配がなされていたことより、中世史研究者も当然軍国主義の源流を探り、問題点を深く探り出す必要があった。「武」を優位にした要因は何か、武士の社会的地位の飛躍的上昇は何によってもたらされたのか、この点を明らかにしない限り、現代まで続く日本社会の暴力的体質(もちろん戦前と比較してかなり是正されてきてはいるが)、侵略を肯定的にみなしている日本国家を変革することはできないであろう。

「武」とは本来どのようなものであったのであろうか。本来は武官であったことはいうまでもないことである。中国の律令制を手本としていたことより、古代の制度上は中国とほぼ同じであった。平安時代は国家の形態も次第に変質し、中央の権力機構内部の武も変化したり、儀礼も武になったりしたが、武官としての本質は変わらなかった。だが地方は大きく変化していた。入間田宣夫氏にいわせれば、未開社会から文明社会に入る過程において大きな矛盾・紛争が惹起したという。日本社会は平安時代後期に中国文明のインパクトを受け、在地の未開社会が大きく動揺して、さまざまな紛争が起こって、従来の手法では解決困難になっていったという。そこに登場してきたのが、紛争解決の請負人たる「兵」＝武士であったとするのである〔入間田 一九九二〕。紛争解決の過程で主従制を形成し、武力による支配、武人政権を樹立させていったという。

では南北朝動乱時代はどうであったのであろうか。建武政権の樹立や義満政権の成立は、疑いもなく中国や東アジア世界との交流の上でなされたものである。ことに中国文明のインパクトは大きかった。中国文明のインパクトがなかったならば建武政権が成立したかどうかは疑わしいところである。また義満政権も明との国交樹立の過程と結果が、その権力に刻んだ刻印は大きかった。

武人政権＝鎌倉幕府支配は初期に、王朝権力との抗争を終結させた後は一時的に安定する。「公平と撫民」政策はそれなりに評価され、鎌倉幕府が国家権力を完全に掌握して安定化するかとみられたが、東アジア世界がそれを許さなかった。南シナ海・東シナ海・日本海・オホーツク海等を流通路として、膨大な物資が北に南に、西に東に運ばれ、日本にも大量の物資・銭が流入してきて日本社会が大きく変化していった。

鎌倉時代後半期から日本社会の中にあった未開的な要素が急激に薄れていったことを強調するのは網野善彦氏であるが、この指摘は間違いではないであろう。膨大な物資の流入により、社会的分業が発展し、私的所有が本格的に社会内部に浸透していくこと、農業が主要な産業となり、定住が進んでいくこと、身分制が確立し、差別が進んでいくこと等々のさまざまな指摘がなされている［網野 一九八四］。いわゆる未開社会から文明社会に移行する第二段階といえる時期を迎えたといえる。強大な軍事力を基礎に主従制で支配してきたような地域でも動揺が広がっていった。

このような社会の転換の中で数多くのさまざまな紛争が、日本各地で引き起こされるのである。もはや従来からの支配や紛争解決方法ではたえきれなくなっていたのである。世の中の人々すべてが悪党化していくような政治・社会状況が中央地域からも、辺境・周辺地からも出現してくる。このような状況の中で、主従制を強固にして、強力な軍事力をさらに強化し、武人政権そのものを専制化しながら乗り切ろうとする方向と、文治・徳治政治を基本に、中央集権国家の樹立をもくろみ、従来の支配体制をドラスチックに解体して、官僚制システムを構築して君主専制を目指した政治動向が出現してきた。後者が中国の宋朝に大きな影響を受けたことはいうまでもないことである。そして後者の方向こそ、東アジア世界の進んできた道と同じであったことはこれまたいうまでもないことである。未開から文明の第二段階において、中央集権国家の要素を持つ君主専制体制の確立の試みが、南北朝動乱の「入口」と「出口」において二回にわたって試みられたが、結果的に失敗し、その道が閉ざされ、「その民、多く武を習い、少なく文を習う」という常態にいたるのである。

日本には君主専制を樹立するための基盤がなかったとするのは佐藤進一氏である〔佐藤 一九六五：一〇一頁〕。すなわち日本には貴族層が健在であり、官僚制システムを構築する条件を欠いており、また中央集権に抵抗する巨大な勢力として、武士たる領主層が存在していたことを指摘している。従うべき見解である。

しかし、東アジア世界との交易によって大量の物資が流れ込むようになった鎌倉時代後半期以降になると、中国銭が農村の中に広く浸透していったことにより、農村の中でも「読み書き」が次第に行なわれるようになり、計算能力も高まっていったとされている。また南北朝動乱以後の畿内近辺では、土豪＝地主的土地所有者も広範に出現してきたことが知られている。さらに商業・流通に携わる人々もかなり多くみられるようになってきていた。彼らの結合の形態は「座」的な構成をとっており、主従制的な縦の人間関係で結ばれる武人世界・東国社会とは異なる側面が強くみられた。

貴族世界も変化がみられはじめたのも鎌倉時代後半期である。院評定制が設置されて、活発な活動を展開し、さらに治天が次第に権力を強化していったことが指摘されている。そして、文治・徳治政治に連なる徳政を標榜した政治がなされたことも注視しなければならない。さらに注目すべきことは、鎌倉時代後半期の思想動向である。

建武政権成立のための思想的背景として宋学が指摘されているが、そのほかにも孟子の思想も無視することができない。その放伐《ほうばつ》革命思想の与えた影響は大きなものがあった。不徳な政治を行なえば、王朝の交替を正当とする思想である。鎌倉時代末期の公家層の中には孟子に心酔したものも多かった。文治・徳治政治を求める動きが京都政界内部に広がっていった。

このような中から、後醍醐親政が登場して、思い切った人材の登用、新鮮な経済政策が施行されたのである。鎌倉時代後半期に起こってきた激しい社会の矛盾を君主独裁、中央集権国家を樹立して乗り切ろうとしたのが後醍醐であった。しかし、客観的にみて、文治政治への転換はいまだ期が熟してはいなかった。所領の流動化は始まったばかりであり、支配層を階級結集させる農民の一揆や闘争も激しく戦われながらも、全国的規模というほどではなかった。ことに王権を支える勢力――官僚・地主等――の成長が未熟であった。

また未開から文明への第二段階においては、かつてのように武士が紛争請負人として在地の紛争を処理して勢力を伸ばしていくというような状況でもなかった。むしろ悪党問題にみられるように、紛争請負人が紛争を起こし、悪党化していき、紛争の張本人である悪党を処置できないという段階に至っていたのである。在地における新たな紛争請負人はだれかという問題が浮かび上がってくるのである。

鎌倉時代後半期の矛盾を解決するためには、上からの君主独裁・中央集権国家を樹立させてなすのか、それとも新しい「在地の紛争請負人」が出現してきて解決するのかということに帰着しよう。その答えは歴史の事実が示している。君主独裁・中央集権国家＝封建王政のコースは、はずれていった。これが南北朝動乱の一つの歴史的結末である。

だが、南北朝動乱の「出口」の段階でもう一度、君主独裁＝封建王政を志向する動きが顕著となってくる。義満政権である。これはなぜであろうか。

動乱の過程で、守護が地方で実権を握るようになり、また在地領主層も所領を再編、一円化しながら国人領主として登場してきた。守護—国人体制という紛争処理装置が機能するようになっていった。悪党もこの中に吸収されていき、鎌倉時代後半期の諸矛盾は次第に解決の方向に向かい、徳政という政治思想も衰退していった。再編武人政権である。だがこの過程の中で、国家権力のあり方にかかわって、問題が三つ浮上してきた。

一つは超有力守護の存在である。もう一つは天皇の権威の失墜にみられるような天皇・朝廷の問題である。三点として、対外関係の問題である。この三つの問題から義満は君主独裁＝封建王政を志向したものとみなしうる。

第一点は、明徳の乱や応永の乱で知られるように、有力守護の勢力を削減し、幕府そのものを義満の忠実な「番犬」としていく必要があった。それは、将軍義持の存在をみれば明らかであろう。第二点については、観応の擾乱のおり、三上皇・天皇が南朝側に拉致され、その後の後光厳《ごこうごん》天皇の即位をめぐる「異例」は、天皇の権威をいちじるしく失墜させたとされている。しかし、逆に考えれば、幕府が広義門院《こうぎもんいん》(後光厳の実母)を無理やり「上皇代行」にして後光厳天皇として即位させなければならなかったことは、天皇制がどうしても必要であったことを示していよう。

たしかに天皇の政治的実権は、次々と幕府側に奪われていくが、観念的権威は強靭な形で残るのである。この問題は中世社会内部にある深層心理と深く結びついているが、具体的には中世の身分制秩序として人々の意識を拘束していた。義満が王権を完全に掌握するためには、この社会意識を克服する必要があったのである。義満は公家化し、公家となり、上皇を目指して、自らの子弟を皇位に据えていこうと夢みたのは、まさに観念的権威の問題にかかわっていたのである。公武両権力を超越した君主独裁を意図したのはこの天皇制の強靭さが理由であった。

第三点であるが、九州を統一した後、明との本格的な国交に乗り出すために、義満は君主独裁＝封建王政の政体を必要としていた。明と同様な君主独裁体制を望んだといえる。東アジア世界を広く見渡した義満は、「准三后」ではなく、名実共に「日本国王」になることを夢みたのである。

封建王政を目指した義満政権は、建武政権と比較して、政権としての政治理念と政策がなかったことが特徴である。後醍醐のような強烈な理念を持っていなかった。義満の政治理念は、あえていえば「天下一統」・「公武一統」を掲げて「日本国王」理念を追究していたといえよう。今谷明氏は義満の命を奉じた伝奏奉書を「国王御教書」と規定しているが［今谷 一九九〇］、もしそうならば、伝奏奉書だけでなく、義満の発した御教書はすべて「国王御教書」になるいえる。公武両権力機構を個別に直接掌握し、最高政務を決裁して君臨する封建王政を目指したからである。しかしこの構想も義満の死後、有力守護層の反撃によって瓦解した。

おわりに

本章は、南北朝動乱の研究史と、動乱期の国家のあり方を東アジア世界の政治の状況を踏まえながら探ることにより、南北朝動乱期の時代像を構築しようとしたものである。最後の方は紙幅の関係からだいぶ駆け足になってしまったので、今後もう少し詳細な検討が必要である。

日本中世には武人政権への道、封建王政への道の二つの選択が存在していた。歴史は武人政権を選んだのであるが、文治政治の可能性もあり、他の東アジア諸国と同じような道を歩んだ可能性をみておきたいと思う。戦後の中世史研究は天皇制への批判は厳しくなされ大きな成果を挙げたのであるが、武門への批判は弱く、美化さえなされるような状況であったといえよう。歴史研究の発展の一段階であったので致し方がなかったのであるが、天皇制と武人政権の両者を批判的にみていく視点は大切である。

日本人の国家意識や国家理論は、日本の近代化の過程で、ナショナリズムを極端に独善的、侵略的な形で展開したために、いちじるしく非科学的で低位であるという〔永原 一九七八〕。「非科学、低位」に寄与してきたものの一つが「南北朝研究」であった。国家形態の究明や国家意識、その歴史的変化の過程について今後も検討を続けていきたいと思う。

(1) 松本新八郎『中世社会の研究』〔松本 一九五六〕所収論文を代表としてあげることができる。

(2) 高橋昌明氏は社会史を批判するために同論文を書いたわけではなく、それを積極的に取り入れようとして成したものとみなし得ることを指摘しておきたい。

(3) 入間田宣夫「比較領主制論の視覚」〔入間田 一九九二〕による。一六〇二年に北京にて、キリシタン宣教師のマテオ・リッチが刊行した万国全図(宮城県立図書館蔵「影印本」)に記載された日本情報であるとしている。

〔追記〕本論は『歴史評論』五八三号(一九九八年一月号)の特集「南北朝動乱の時代を読みなおす」の中で執筆したものである。特集の趣旨は、南北朝動乱史研究の果たした歴史的役割、東アジア世界の中での動乱史の再評価、悪党研究の新視点、自然災害等、南北朝期の歴史が現代に投げかけている問題を検討するというものであった。本論は東アジアの各国の政権のありようを検討し、異端である日本の長い武人政権の歴史の中で、例外的に「文治政権」が存在したが、それが崩れていく姿を描いたものである。

参考文献

網野善彦『日本中世の非農業民と天皇』岩波書店　一九八四

家永遵嗣「足利義満における公家支配の展開と『室町殿家司』」『室町幕府将軍権力の研究』東京大学日本史学研究室　一九九五
伊藤喜良「中世後期からみた王権」『人民の歴史学』一三五号　一九八三
伊藤喜良「建武政権試論」『行政社会論集』一〇―四　一九九八
井原今朝男『日本中世の国政と家政』校倉書房　一九九五
今谷　明『室町の王権』中央公論社　一九九〇
入間田宣夫「比較領主制論の視覚」『アジアのなかの日本史Ⅰ』東京大学出版会　一九九二
大山喬平「黒田史学と変革の思想」『黒田俊雄著作集第七巻』解説　法蔵館　一九九五
黒田俊雄「中世の国家と天皇」『黒田俊雄著作集第一巻』法蔵館　一九九四
坂本多加雄『新しい日本の歴史が始まる』幻冬舎　一九九七
佐藤進一「守護領国制の展開」『中世社会』新日本史体系第三巻　朝倉書店　一九五四
佐藤進一「室町幕府論」『岩波講座日本歴史7』岩波書店　一九六三
佐藤進一『南北朝の動乱』中央公論社　一九六五
佐藤進一『日本の中世国家』岩波書店　一九八二
高橋昌明「社会史の隆盛が問いかけるもの」『新しい歴史学のために』一八三号　一九八六
富田正弘「室町殿と天皇」『日本史研究』三一九号　一九八九
内藤湖南「応仁の乱について」『内藤湖南全集9』筑摩書房　一九六九
永原慶二「歴史学の社会的責任」『歴史学叙説』東京大学出版会　一九七八
中村直勝『吉野朝史』星野書店　一九三五
松本新八郎『中世社会の研究』東京大学出版会　一九五六

3章　室町殿と治天の君——室町期の国家と王権をめぐって——

はじめに

室町時代の研究といえば、国人《こくじん》・徳政《とくせい》・土一揆《つちいっき》(民衆運動)の研究のほか、国人領主や守護領国、あるいは幕府—守護体制にかかわる議論が深められ、さらに文化・思想史、対外関係史などで大きな成果をあげてきている。ところが、国家や王権をめぐっては、研究対象としての魅力が薄いと考えられてか、あまり研究者を引きつけなかった。

室町期の国家や王権、公武関係などの問題にたいしては、従来においても一部の研究者間では熱心に研究が進められてきたのであるが、一般的には室町幕府論をもって室町期国家論を代行するというような事態も見られた。室町将軍(室町殿)が王権を掌握したとするのが通説となり、幕府や将軍の圧倒的な実力によって皇位まで簒奪しようとしたという説が展開されたことにより、足利義満《よしみつ》は皇位を簒奪しようとしたのか否かといったような議論に矮小化されていってしまい、一部を除いて王権論もあまりみるべきものがなかったように思われる。だが、天皇制は何ゆえ現在まで存続しているのかという問題意識は、歴史学者にとって不変なもっとも根本的な問題の一つとして持ち続けられてきたのである。

このような中、やや影が薄かった室町時代の政治史などについて、この数年、日本中世史研究者のあいだでホットな議論を展開されているのが「室町期の国家や王権、公武関係」などにかかわる問題である。その理由は、一時「義満時代の権力のあり方」を室町時代の権力の典型とみなしていたが、現在では義満以外の将軍(室町殿)についても詳細な研究がなされるようになり、義満の権力・政治等が相対化されつつあること、さらに天皇制ともかかわって、室町期の朝廷・天皇・院政などの研究も進み、幕府や将軍権力の様態を明らかにすることのみでは、室町期の国家や王権を考えることができなくなり、公武の関係を深く探ることが必要となってきたことによる。

これらのことによって、室町期の国家や王権などをめぐっての激しい論争もみられ、学会・シンポジウム・学会誌などにおいて特集が組まれるにいたっている。本論も現在の学会の動向、流れにのったものといえよう。

本論の目的・内容は何かといえば、かつて私が問題を提起し、明らかにした点の多くが現在の学会で論点となっていて、いわば「まな板の上の鯉」のような状況になっていることがある［中世後期研究会二〇〇七、他］。また『足利義持』［伊藤喜二〇〇八］を執筆したことで、多少議論しなければならない論点もいくつかある。しかし本論ではまったく新しい説を展開することではなく、改めて自説を確認し、二・三の点を付け加えておきたいと思う。

論旨の展開は、⑴室町殿と治天《ちてん》の政治的・権力的関係にかかわる従来の学説と論点を整理し、⑵次いで室町期の王権をめぐって、天皇の発する綸旨《りんじ》と幕府権力のあり方を嘉吉の乱後の混乱した状況の中で探り、⑶さかのぼって足利義持《よしもち》と義教《よしのり》時代における室町殿と治天との関係を考え、義満《よしみつ》時代の王権の特質に及び、⑷最後に室町時代の国家の問題について検討したいと考えている。

なお室町殿とは、足利将軍家の家督掌握者であり、治天とは天皇家の家督のことである。それゆえ院政の時期においては、院(上皇)であり、親政のおりには天皇のことである。また、対象となる時代は南北朝期から応仁の乱直後(十五世紀末)の頃までとしておきたい。

1　室町期の王権や国家についての従来の学説と論点の整理

「国家とは何か」などと大上段に振りかぶられると困惑するが、機械的な定義をすれば「階級抑圧の機構」・「収奪のための機構」であるとか、「社会の上に立って秩序を維持する権力」とか、その強制力を国家権力というとか社会科学的な定義をズラズラ並べることができる。前近代の国家においては、その国家権力を「王権」といい、行使する主体は王権掌握者である。日本中世においては、上述のようにいうときわめて抽象的となってしまうので、研究の上ではもう少し具体的に幅広く検討されている。たとえば日本中世の国家にかかわる問題としては、階級支配関係、領域支配、都市研究、対外関係、イデオロギー、身分制等々の視角を定めてアプローチしているが、ことに国家権力機構をどのように見るかという点について注目し、それを中心に議論が進められている。また王権の掌握者については、天皇か治天の院か、将軍（あるいは将軍家の家督相続者）か、また鎌倉時代においては得宗《とくそう》か、という議論が続けられてきたのである。

このような議論の前提となっているのは、日本の中世という時代が、古代の律令時代以来存続している朝廷（その朝廷も親政、院政というように時期によって政治形態と実権掌握者が異なっている）が存在し、また東アジア世界においては特異な権力形態である「武門」、すなわち幕府が強力な政府を構築しており、朝廷（公）と幕府（武）という二つの権力機構が併存しているという事実である。そしてその機構内で権力を掌握しているものも、上述したようにそれぞれに複数併存するという複雑な関係が存在していたことである。

こうした前提から中世の国家権力関係を究明することはきわめて難解であり、さらに公武の二つの権力が存在しているからといって、鎌倉時代と室町時代ではまたその形態が大きく異なっているように見られる。そのために議論も複雑になっている。だが国家にかかわる議論をつきつめれば、朝廷（公）と幕府（武）の関係をどのように見るのか、また「公」を重視するのか、「武」を中心に見るのかという点にかかわってくる。この点が原点となるのであって、この基本点から議論も分かれてくるのである。

戦後の室町時代の政治・権力等の研究は、佐藤進一氏らによって幕府を中心とする研究が進展した［佐藤 一九九〇等を参照］。しかし、周知のように黒田俊雄氏が権門体制国家論を提起し［黒田 一九九四］、室町期の国家権力も権門体制によってなされていると論じたことにより、次第に室町期の朝廷のあり方に注目が集まっていき、室町時代の公武関係が検討されるようになっていった。その検討の出発点となったのは伝奏《てんそう》の研究であり［伊藤喜 一九七三、富田 一九七八他］、公家が伝奏として義満に仕える実態、その意義などについて研究が深められていった。そして摂関家などと同様に義満と主従関係を持つとされる公家の足利家家司《けいし》の存在により、公家側が義満に臣従したと見られるようにもなっていき［家永 一九九五］、公武の融合関係を示すものとして注目された。

足利家家司が注目される以前において、伝奏などを研究されていた富田正弘氏は、黒田氏が提起された権門体制国家に賛同を示されながらも、室町時代については黒田氏とは異なって、王権は義満時代の後半（明徳四年〔一三九三〕の後円融院《ごえんゆういん》の死去が画期）に室町殿が王権を掌握して、公武統一政権が形成されたと論じたのであった。そして義満による公武統一政権の存在形態を、室町殿と「公家側の政務」（後で触れる）との関係とする構図を示し、室町殿を中心とする権力機構を明示したのである［富田 一九八九］。富田氏のこのような提起については後で若干の疑問を呈したいが、義満が王権を掌握したなどの見解は、通説的理解となっているといってもよいようである。

この富田説と密接に関連しながら登場してきたのが、公知のごとく今谷明氏が提起した「義満皇位簒奪」説であった［今谷 一九九〇］。義満が皇位を奪おうとしていたと述べたのは、今谷明氏が最初ではなく、すでに戦前において田中義成氏が『足利時代史』［田中 一九二三］において、「彼が最終の目的は愛子義嗣を天子と為し、己を自らは太上天皇たらんとすることに在りし事疑うべからず」と論じているのである。今谷氏は田中説を大胆に発展させ、さらに国家祈禱権の獲得問題、百王説流布の問題で新しく味付けしたのであった。

ただ今谷説は皇権・皇位と王権の区別があい昧であり、義満が皇位を簒奪しようとしたのか、王権を簒奪する計画であったのかによって、その評価も大きく変わってくるのである。しかし一般的には、「皇位の簒奪」と理解されており、今谷氏も「皇位簒奪計画」を意図して執筆したと思われる。今谷氏はこの前後に書かれた室町期の国家や王権に関する論文から、公・武の二権力機構の存在、王権については伝奏奉書《てんそうほうしょ》を「国王《こくおう》御《み》教書《ぎょうしょ》」と呼ぶべきであるとしているので、義満を国王（王権掌握者）と位置づけていることは疑いない。

このような中に私も「参戦」して、室町期の国家や王権について私論を展開した。基本的には権門体制国家論の上に乗っているが、それを少し修正して「複合政権国家」論を提起し、公武統一政権論を基本的に否定するとともに、王権は天皇が掌握していたというものである［伊藤喜 一九九九他］。この点を確認することが本論の主題でもある。

二十一世紀の初頭には、国家や王権に関する議論は大枠において前世紀後半の研究状況を引き継ぎながら、水野智之氏らによって公武関係の議論や検討が続けられていた［水野 二〇〇五］。この数年注目される研究が発表されて大きな議論となっていることは前述したとおりである。現在論点となっているのはどのようなことかといえば、基本的にはかつての争点と変化がなく、まったく新しい問題提起がなされたというわけではない。しかし「皇位簒奪」説は多くの研究者によって否定されつつあり、この点は研究の後景に退きつつある。だが義満による「北山時代」の権力構造のみでなく、次の室町殿である足利義持に関する研究が深まってきたことによって、義満政権と義持政権の比較がかなり可能となってきている(この点も後に触れる)。

さらに国家の形態や王権については、公武統一政権・公武融合政権か、公武二頭政治かどうか、王権の掌握者はだれで、どのような形で掌握しているのか、というような従来からの論点がそのまま継続しているといえる状況であるが、研究が大きく深化したことにより、さすがに幕府―守護体制などの研究においても、室町幕府=室町国家、将軍=国王というような議論は影を潜めている。

なお、佐藤進一氏の著書である『足利義満』〔佐藤 一九九四〕のサブタイトルは、「中世王権への挑戦」と付けられている。「挑戦」の結果については明確にされていないが、義嗣《よしつぐ》が参内《さんだい》して元服したとする記述の後に、「法王の座を目ざす義満のスケジュールはほぼ終点に近づいた観があった。義満が死んだのは義嗣元服の十日後であった」と簡潔に述べられており(同書二一二頁)、結果を推測できるように書かれている。

2　室町期の王権をめぐって

(1) 嘉吉の乱後の綸旨

少し前置きが長くなったが、本題に入っていきたい。論旨の都合上、「嘉吉の乱」後・「応仁の乱」前の王権問題から、次第に義満期の問題にさかのぼって論じ、後で国家にかかわる問題に触れようと思う。

南奥羽石川地方（現福島県）の有力な国人であった石川氏に関する文書として、角田石川文書とよばれる文書群が宮城県立図書館に所蔵されている。この文書群の中に本論と密接に関係する文書が伝来している。史料1・2がそれである。この文書群はかつて偽文書の可能性が高いと見られていたが、百瀬今朝雄氏はこの文書群は真文書であり、関東足利家再興・鎌倉府再興にかかわる重要な文書であると断定したのである〔百瀬　一九八二〕。だがここでは鎌倉府の再興の話をするつもりはない。ここに見える「綸旨」について検討したい。

〔史料1〕足利万寿王丸書状（角田石川文書）

今月十七日綸旨幷御旗到来候上者、近々可有還御候、
然者不日令出陣可致忠節候、謹言
十二月廿九日　　　万寿王丸
石川中務少輔

〔史料2〕岩松持国副状（角田石川文書）

態令啓候、抑々信州大井方御座候、自若君様、
綸旨幷錦御旗事御申候処、旧冬十七日到来上者、
近々可有還御候、仍被成御書候、然者不日令出
陣御忠節候者、可然候、恐々謹言
正月十八日　　　　左馬助持国(花押)
謹上　石川中務少輔殿

これらの文書(他に岩松持国副状「封紙ウワ書」が存在している)は年未詳であるが、百瀬氏は、「封紙ウワ書」を含めたこれら三点の文書を総合的に検討された結果、第二文書(史料2)は嘉吉二年(一四四二)ものであると断定し、第一文書(史料1)はその前年の嘉吉元年(一四四一)のものであると推定された。百瀬氏はこれらの文書から、足利成氏《しげうじ》の幼名を万寿王丸《まんじゅおうまる》と断定したことはよく知られているところである。そして鑁阿寺《ばんなじ》文書などの分析から成氏が関東足利家の家督を継いだのは嘉吉三年(一四四三)十二月十八日以前のある時である、としている。家督相続について佐藤博信氏は百瀬氏と若干異なった見解を持っているが、文書の信憑性、発給年次については百瀬氏の見解を支持している[佐藤 一九八八]。それゆえ私も両氏の見解の上に立って私見を述べたい。なお、この文書にかかわる問題や、鎌倉府の再興については別の論文で検討している[藤木・伊藤編 二〇〇九]。

史料1の石川氏宛の万寿王丸書状によれば、嘉吉元年十二月十七日に「綸旨幷御旗」が到来した

ので、近く鎌倉に「環御《かんぎょ》」するつもりであると石川氏に伝えてきている。次年の正月十八日付の岩松持国副状《もちくにそえじょう》「封紙ウワ書」にも、同様なことが記されている。ここに見られる「綸旨」についで百瀬氏は「綸旨が実際にあったわけでは勿論ない。挙兵の口実を記したまでのこと」としており、また佐藤氏も「虚偽にひとしい正当性を掲げたもの」と、両氏ともに綸旨が万寿王丸のもとにいたったことを否定している。しかし両氏ともに、この綸旨が虚偽のものであるとする根拠をあげていない。たぶん当時の政治状況からそのように判断したと考えられる。すなわち永享十二年(一四四〇)から始まり翌嘉吉元年四月に結城城が落城するまで続いた結城合戦の直後であることにより、綸旨などが発せられるわけがない、とみなしたと思われる。

百瀬・佐藤両氏ともに文書は偽文書ではないが、中に記されている「綸旨」の発布は根拠を挙げていないにもかかわらず虚偽であると判断しておられる。だが、はたしてそのような見解に従うべきであろうか。当時の政治・社会情勢と、室町殿と治天の関係、関東足利家にかかわる綸旨発布の可能性などについて考えてみる必要がある。

この「綸旨」なるものが発せられた時期の直前、嘉吉元年六月に嘉吉の乱が起こり、将軍足利義教《よしのり》が赤松満祐《みつすけ》に殺害されたことは周知の事実であり、さらにその年の八月には人々が徳政を要求して(代替わり徳政)嘉吉の徳政一揆が勃発するという情勢であった。義教が殺害された後の室町殿には、その子の義勝《よしかつ》が就任したが、幼少であり管領が政務を代行せざるをえなかった。また、その管領をめぐって細川持之《もちゆき》と畠山持国《もちくに》の対立が見られ、幕府による支配の危機は頂点に達していたのである。まさに幕府存亡の危機に瀕した時期であった。

このような危機的な状況のとき、後花園《ごはなぞの》天皇の行動がきわめて注目されるのである。まず幕府内部の「私闘」とも見られる嘉吉の乱において、幕府側は朝廷に執奏《しっそう》して赤松満祐追討綸旨を求めたのである(明徳二年〔一三九一〕に山名氏が幕府に対して起こした反乱〔明徳の乱〕は「私闘」とされるが綸旨は求められていない)。

八月一日に下された綸旨により正当性をえた幕府軍は、翌月に満祐を播磨で討ち、また徳政令を発したのである。当時の公卿であった万里小路時房《までのこうじときふさ》の日記『建内記《けんないき》』には、赤松満祐追討綸旨が発せられる直前の七月二十八日条に緊迫した状況を示す記述がある。そこには(1)足利持氏《もちうじ》の子息一人が義教の死により上洛したこと、(2)彼を鎌倉公方にするかどうか「評定」したこと、(3)上杉憲実《のりざね》を元のように鎌倉管領(関東管領)とすることを「評定」したこと、(4)鎌倉で謀反する者(持氏の子息を担いで反乱を企てる者)がいてはならないので、赤松討伐が終わるまで京都に留め置くようにしたことが記されている。

この記事はあくまでも伝聞であるが、関東足利家の後継者が議論されているのである。嘉吉元年の後半は危機がピークに達していた。将軍義教が殺害されたことによる赤松討伐問題、関東の結城合戦の処理、徳政一揆の勃発などの混乱によって、幕府首脳としては鎌倉府問題を早急に処理したいとするのは当然であるといえる。赤松と関東の反幕府勢力が連合したならば倒幕に至るかもしれないという強い危機感が存在していたのである。それを乗り切るために、万寿王丸を関東足利家の

表1　後花園天皇綸旨の事例（今谷明「文安土一揆の背景」による）

年月日	宛先	内容	出典
嘉吉元年八月一日	細川持之	赤松満祐追悼	建内記・その他
文安二年正月廿七日	山名持豊	赤松満政追討	師郷記
同　四年三月十七日	鷲尾隆遠	家領安堵	大友文書
同　四年三月廿三日	細川勝元	関東管領職慰留	建内記
同　四年七月四日	同	関東管領補任	建内記
宝徳元年八月九日	禅峰寺住侶中	寺領違乱停止	禅峰寺文書
同　三年十一月三日	東寺供僧中	寺領安堵	東寺百合文書
同　　年十二月六日	貴船社祝館	社領安堵	加茂神社古文書
同　四年五月十四日	柔中宗隆	寺領寄進安堵	大徳寺文書
同　　年六月三日	住吉神社館	摂津国段米催促	住吉神社文書
享徳元年八月廿三日	報恩院僧都	兵庫新関再興停止	東大寺文書
同　四年五月廿四日	久我通尚	家領安堵	久我家文書
康正三年八月廿九日	正伝寺衆徒中	寺領安堵	正伝寺文書
長禄二年四月廿七日	曼殊院門跡	北野社別当職安堵	曼殊院文書

※今谷氏の注記によれば、大寺社に対する祈禱、修法等は本来的に朝廷の権限に関わるものと考えるので、それに関わる綸旨は省いたとされている。

相続者とすることを綸旨で認めようとしたことも考えられないわけではない。

この後、関東には後花園天皇の綸旨が何通も発せられている。参考資料として掲げた表1「後花園天皇綸旨の事例」を参照されたい。特に有名なものが、『建内記』文安四年（一四四七）三月二十三日条と七月四日条に記載されており、細川勝元《かつもと》宛てに発せられた上杉憲実を関東管領に補任しようとした綸旨である。関東管領をも綸旨で補任しようとするのであるから、関東足利家の家督（鎌倉公方）を綸旨で補任することも当然考えられることである。宝徳二年(一四五〇)、鎌倉府の内紛により、鎌倉公方足利成氏が江ノ島に逃れたときも、後花園天皇の綸旨が問題となっている〔畠山持国書状「喜連川文書」〕。

なぜこのように多くの綸旨が発せられたかといえば、この時期は公・武による国家支配の最大の危機、階級的危機であったことによろう。この危機を乗り越えるために綸旨が登場してきたのである。すなわち綸旨の発給者である後花園天皇＝治天が王権を掌握していたからである。この点は「伝奏と天皇」〔伊藤喜 一九九三〕のなかで検討した。

このことは応仁の乱のときの問題にもつながっている。応仁の乱における治天の動きも注目したい。西軍の総大将である足利義視《よしみ》追討の治罰の綸旨を発しているのである。一方、西軍の動きにも注視したい。西軍はこれに対抗して「南帝」(南朝)を担いだとされているのである。西軍の正当性を掲げるためのものであったのであろう〔伊藤喜 一九九三を参照〕。

(2) 義教時代の室町殿と治天をめぐって

まず義教と治天の関係について述べよう。義教時代に治天の地位にいたのは二人である。それは後小松《ごこまつ》上皇と後花園天皇である。後小松上皇は義持時代から義教が室町殿になった初期において院政をしいていたが永享五年(一四三三)に死去した。後花園は伏見宮家出身であるが、後小松上皇の子で病弱であった称光《しょうこう》天皇は義教が将軍となった直後の正長元年(一四二八)七月に閉眼したため、治天の後小松の猶子となり天皇位を継いだのであった。

義教は「万人恐怖の政治」を行なったことで知られている将軍である。猜疑心が強く、冷酷無情で義教の怒りに触れて追放されたり、過酷な刑罰を受けた公家・武家は数多い。そのため最後は悲惨な死に方をするのであるが、医学的には彼の行動から、彼の性格は抑鬱《よくうつ》的な精神的疾患があるのではないかといわれている［服部 一九七一］。人格的・精神的欠陥があるから、彼の行なった政治もかなり欠陥があるのではないかと思われがちであるが、必ずしもそのようにはいえない。かなりオーソドックスな幕府政治を行なっている（もちろん対守護政策では大失敗をしたのであるが）。

義宣（義教）は籤引《くじび》きで将軍になった後、籤で僧籍から足利家を継承した弱みから、治天後小松とのあいだに人事や将軍宣下などをめぐって対立・駆け引きがあり、朝廷側の発言力が増していた。このことについて佐藤進一氏は、幕府・義宣（義教）と朝廷・上皇の対立が次々に起こっているが、幕府側は低姿勢であったとしている［佐藤 一九六八］。その理由を簒奪者（具体的には鎌倉公方）の存在に求め、そのために朝廷側の発言力が上がっているとしているのである。鎌倉公方持氏に将軍宣下がなされたとの噂さえ流れたのであった。義教が僧籍から将軍に就任する過程で、朝廷側（上皇）が主張する将軍宣下以前に「天下の政務」を執るべきではないという見解は注目すべきであり、将軍を補任する側の地位が上昇していることを示している。治天（上皇）と将軍との国政上の位置づけについて注視しないわけにはいかない。

これと同様な構図が義教の晩年にも見られる。それは義教の要請により治天である後花園天皇が関東と大和に治罰の綸旨を発しているのである。当時関東においては永享の乱が勃発していた。また大和国においては、南朝につながる大和の国人越智《おち》・箸尾《はしお》氏らに手を焼いていたが、彼らが永享十年(一四三八)に反乱を起こし(大和永享の乱)、義教のライバルであった大覚寺門跡(足利)義昭《ぎしょう》を担ぎ、後南朝の皇子を擁立しているという事態であった。さらに鎌倉公方持氏とも連携しているのではないかとの疑いを持ち、義教の地位を脅かすものであった。

このような状況のときに義教は、治天後花園の袖にすがったのであった。これは幕府・朝廷の両者の関係を検討する上で見捨てておけない事態である。ここに後花園の国政上の位置が明確に知られるのである。そしてこれは嘉吉の乱後の後花園の行動に連なっていくのである。義教は就任の将軍宣下から、永享の乱・大和永享の乱までを考えると、治天の「風下の地位」・「支援を必要とする地位」という事態であったのである。その出発点はやはり義教が僧籍にあったことから始まっている。

義教は最期に守護に殺害されたり、また人格的な欠陥もあったということから、「ダメ将軍」のように見られているが、情緒不安定が強くなってきたのは、彼の政治の後半期であった。少なくとも将軍就任期においては注目すべき政治も行なっていることより、彼の政治の再検討も始まっている。義教の政治は兄義持の政治を批判して、「義満に帰れ」のスローガンが掲げられたといわれている。すなわち、彼は家督を相続すると、ことあるごとに義満の先例を調べて、それに基づいて行動したとされている。事実、元服の儀礼は義満の先例にならって武家様式で行なっている[森 二〇〇六]。だがはたして実態はそのように完全に言い切れるのであろうか。

たしかに義教は将軍になると、義持が寺社に寄進した所領などを元の所有者に返還するためにどうするかといったことを三宝院満済《さんぽういんまんざい》に相談しているように、義持の政治の一定部分を修正している(正長元年五月「所領返付法」)。だが、それ以上に義満の政治とは異なった行為をしているのである。たとえば、義満時代には消滅してしまっている鎌倉時代以来の裁判制度を整備しているのである。まず義満時代に機能を停止している評定衆《ひょうじょうしゅう》・引付衆《ひきつけしゅう》の復活をはかろうとした。この復活はならなかったが、将軍が臨席して訴訟を行なう「御前沙汰《ごぜんさた》」と呼ばれる裁判制度がつくられた。その裁決記録が「御前落居記録《ごぜんらっきょきろく》」・「御前落居奉書《ごぜんらっきょほうしょ》」である。公正・迅速に裁判を進めようとして奉行人も増員されていった。

このことは武家の支配機構の再整備であり、義満と大いに違っている点である。義満は自らが公家となり、武門の支配制度の縮小化をもたらしたのであるが、義教は幕府支配機構の再構築を目指したと評価できる。このような武門重視の姿勢は、ほかにも見られる。石清水八幡宮の上卿《しょうけい》のときの儀礼の様態は武家様式であり、義満のような公家様式では行なっていない。

また注目しなければならないのは、義教の専制的な姿勢である。彼が将軍であった時代は「万人恐怖の世」と呼ばれて恐れられた。中山定親《さだちか》の日記『薩戒記《さっかいき》』永享六年(一四三四)六月十二日条によれば、義教が将軍となって以来、処罰を受けた公家・僧侶・女房らは九五名にのぼるとされている。義教が殺害されるまでにはさらに多くの人々が処罰されたであろう。だがこのような義教の行動について、榎原雅治氏は「永享十年ころまでは義教の処罰の対象になったのはほとんどが公家か僧侶であり、武家では義教の近習層に限られている。また公家についても無差別に処罰が加えられたわけではなく、義満期以来、幕府・朝廷の双方から重用されてきた日野・勧修寺流藤原氏に処罰が集中している」〔榎原 二〇〇三〕として、公家抑圧策であったとの説もなされている。義教は足利家の家督を継承して元服したとき、公家様ではなく、「武家中沙汰」であったとされており、基本的に武家重視であり、公家を軽んじていた。花押も永享四年(一四三二)七月に内大臣に補任されるまで武家様であった。

義教の武門重視は将軍権力・幕府権力の強化にも現われている。それは将軍直轄軍の強化である。この時代、将軍の直轄軍は奉公衆と呼ばれていたが、奉行人の増加と同様に、幕府直属の軍事力を増強したのであった。

以上のような義教の政治や権力などを鑑みれば、義教は公武両権力の併存から、朝廷側の権力よりも、幕府側の立場に立って権力を行使し、また権力を強化したものと考えられる。そして、義教は将軍権力の強化・専制化を目指して、「恐怖政治」を行なったのであり、そのために有力守護との対立を引き起こし、嘉吉の乱に至ったのである。義教は義満のように公家として華々しい行動を行なった実績はない。その後、彼の行動により、幕府権力のみでは対応できない状況にいたったときに、「名目的・形式的」なように見られていた王権掌握者である治天後花園天皇を登場させ、討伐の正当性を得るために治罰の綸旨を発せさせたのであった。国王としての治天の存在は大きかった。

(3) 義持時代の室町殿と治天

義持については近年研究が進んでいる。義持の政治姿勢について従来いわれていたことは、父義満に反発してすべてにわたって反義満的な行動をしたという評価であった。しかし近年は、義満と義持の姿勢や位置についての再検討が進み、義持の政治姿勢に関する新しい見解も出されている。たとえば、義持の院司《いんじ》という地位を考えて、「王家」の執事《しつじ》として活躍し、治天を支える「裏方」であり、公家社会を支えるための存在というように評価する向きもある〔石原 二〇〇七〕。すなわち、義満が「公武を越えた地位」を得たとするのにたいして、義持は「公」を支える者という地位であり、権力編成上きわめて低い位置づけしかあたえられていないのである。この評価も、裏返しの公武融合政権論の一種であると考える。あるいは義持が国家の統治者として天皇・院にならび立つ存在であり、摂関等を越えた地位にいるとし、義持の超越的権威をみる見解もあり〔桃崎 二〇〇四〕、義満と同様に「上皇的待遇」をあたえられたとする見解もある。義持を「上皇」とみなすか、「院執事」と位置づけるか見解が錯綜しているが、いずれにしても公武統一政権・公武融合論的立場に立った議論といえる。ただし、前者(「上皇」的とみなす見解)は、後で述べる複合王権論に近い説であるともいえる。

たしかに晩年の義持と治天後小松は、かなり親しい関係にあったことは認められる。そのために見方によっては後小松の裏方に徹したとみなすことも可能である。ただし、この見解は義持が内大臣を辞任した以後の政治行動を、「院司」という地位に結びつけて考えているが、「院司の立場」で行なったという確実な論証がやや弱いようにみられる。やはり武家の中核室町殿という立場と治天という公武の地位にいた者との関係とみなすのが自然ではなかろうか。

義持の公武にかかわる政治姿勢を見ようとしたならば、彼が家督を継承した直後の問題と、彼が死去する直前の彼にたいする治天後小松の対応にそれが読み取れる。日常的な個人的交流関係から推し量るべきではなかろう。

義持の家督相続の段階で知られているのは、朝廷による義満への太上法皇の尊号宣下《そんごうせんげ》の問題で、これを義持が斯波義将《よしゆき》の進言にもとづいて拒否したことである。これにより義満の政治路線と大きく決別した事件と解釈しないわけにはいかない。以後、義持は幕府(武門)中心の政治や、武家的な儀礼を形成するとともに、院の行動に一定の制約を加えていくのである。また有力な在京守護層を重用し、鎌倉公方との「融和政策」を遂行するとともに、親公家的な弟義嗣を切り捨てていったことはよく知られている。

一方、朝廷の官職に対しては、内大臣以上は望まず(むしろ上階を拒否した)、石清水八幡宮放生会のような武門にかかわりある儀礼の上卿については執着したが、大きく見たならば、朝廷側の官職に対しては淡泊であった。

義持が死去するときのことは次期将軍を籤引きで決定したということが有名であるが、朝廷側の動きも注目しておかなければならない。義持が死去するとき、義持は後小松の見舞いを拒否したのであり、また廷臣の中で義持に准后《じゅごう》を与えたらとの動きが起こったとき、後小松は准后宣下を拒否したのである。その理由は、内大臣からさらに昇進することを義持が拒んだからであるという。この件を通して、官位・官職をめぐる義持と後小松の関係がおおよそ推測できよう。義持は公家側の官位機構内での昇進を望んでいなかったし、後小松も義持の生前に義満に行なったような行為に出ようとしなかった。

義持時代の国家機構は明確に幕府権力（政権）と公家権力（政権）に分かれていた。義満の北山時代には見られなかった公家側の治天の安堵や宛行権が復活してきていることは事実であり、また義持は義満のような自己への公家の諂《へつら》いを許さず、公家側への極端な介入は避けていた。ただし、北山殿以前の義満のとった行為、すなわち摂関的な政治行動は行なっていた。それぞれの権力機構の代表者は室町殿と治天であった。そして彼らは協調と牽制を加えながら共存していたといえよう。当時の権力関係、相互依存関係は拙著『足利義持』［伊藤喜二〇〇八］において概論した。

この両権力のもっとも重要で緊急を要する課題は、中世国家の王権をめぐる問題で、称光天皇の継承問題であった。称光天皇は病弱であり、弟の小川宮も夭折して後継者がいなかった。そのために唯一の後継資格を持つ崇光院《すこういん》流貞成《さだふさ》親王の子彦仁《ひこひと》、後の後花園にそのお鉢が回っていったのである。この問題こそが義持時代の後半において、客観的に考えれば、室町殿と治天が協調しなければならない究極的な要因であったといえる。

(4) 義満と王権問題

① 義満の経歴

室町時代の「国家と王権」などというテーマを掲げれば、もっとも注目すべき時期は義満時代ということにならざるをえない。かつて黒田俊雄氏は室町時代も権門体制国家であったかどうかは挙げて義満政権の評価にかかわってくると述べられたのであるが〔黒田 一九九四〕、現在でも室町期国家論の最大の焦点であることは変わりない。義満の評価を難しくしているのは、彼の経歴がきわめて複雑だからである。彼の経歴の概略を論旨の展開上、三区分すれば以下のとおりである。前章とやや重複もあるがいとわず掲げておく。

第一段階

応安元年(一三六八)十二月、征夷大将軍に補任される。この前年十二月に父義詮の死去により家督相続(当時、十歳)。管領細川頼之《よりゆき》を中心に幕府政治の安定化、統一化を進める。今川了俊《りょうしゅん》を九州に派遣して征西府《せいせいふ》(南朝方の拠点)と戦わせる。「康暦の政変」(一三七九年)により管領を斯波義将となす(当時、二十歳)。官位官職については、応安六年(一三七三)に参議、永和四年(一三七八)権大納言・右大将、康暦二年(一三八〇)従一位。

第二段階

永徳元年(一三八一)室町邸(花の御所)の成立(二十二歳)。この年、内大臣に任じられ、家司《けいし》・家礼《かれい》《けらい》等を置く。この頃から公家様花押を使用。永徳二年(一三八二)左大臣となり、院別当に補任される。

翌年源氏長者、奨学・淳和両院の別当となり、准三宮《じゅんさんぐう》の宣下をうける。嘉慶元年（一三八七）に左大臣を辞する。明徳二年（一三九一）明徳の乱が起こる。明徳三年（一三九二）再度左大臣に任じられる。この年の閏十月、南北両朝が合体（三十三歳）。翌年四月、後円融《ごえんゆう》上皇が死去。

第三段階

応永元年（一三九四）征夷大将軍を辞任し、子義持に譲る（三十五歳）。この年に太政大臣に任じられ、翌年辞任して出家（以後「法皇」として行動）。応永六年（一三九九）応永の乱。応永八年（一四〇一）正月北山邸において沙汰始《さたはじめ》。応永十年（一四〇三）明に国書を送る（四十四歳）。応永十三年（一四〇六）妻日野康子を天皇の准母《じゅんも》となし、准三宮とする。翌年院号宣下がなされて北山院となる。応永十五年（一四〇八）天皇北山邸に行幸。義嗣が内裏において親王に準拠して元服。この年五月に義満死去（四十九歳）。

第一段階は父義詮や祖父尊氏の極官である権大納言までの時期であり、主として武家として活動していた時代であるといえる。

第二段階は、家政機関を確立し、二条良基《よしもと》の指導により、摂関家と同じように家司等を配置した時代である。公武の最高実力者として摂関家に準じるように公武に強制した時期であり、祭祀・叙任等、本来皇権に属するものに関与するとともに、治天の後円融上皇と確執を展開したのである。

第三段階は北山時代と呼ばれ、公武の最高位から離れて、「上皇」的な意識、「日本国王」的な形で政治を行なった時代であり、伝奏が義満に仕えて吏僚として活躍した時代でもある。

第二段階あたりで義満は武門から次第に公家へ軸足を移すようになり（たとえば公卿の最高位者が務める節会内弁《せちえないべん》に就任している）、准摂関の地位を確立するとともに、さらに晩年には公武を超越した上皇的な位置に至ったといえよう。これが義満の経歴の概略と権力内の位置づけである。

このように義満時代の後半は、武家としての側面を持ちながらも、明らかに公家として活動しているのである。このような点により、義満政権の後半については、公武統一政権、公武融合政権、義満の院政といったような見解が出てくるのも不思議ではないといえる。

②伝奏の過大評価と「公家側の政務」

前記のような見解は、すでに富田正弘氏らによって唱えられており、多くの研究者の支持を得ている。ただ私は若干の疑問を持っている。富田氏は次のように述べている。

十四世紀末（後円融上皇の死去）までは、治天の君が王権を掌握していた。しかし「室町殿は、公家権力における治天の王権を伴う諸機能のほとんどをその掌中に収めた」［富田 一九八九］と、後円融院政の終焉のときから義満が王権を完全に掌握したという。富田氏は公武に両属する伝奏をきわめて重要視して、義満が王権を掌握した重要な要因としている。この伝奏を通して、寺社を支配し、公家らを主従制的に編成したとしているのである。そして義満は伝奏を梃子にして天皇―太政官を間接的に操縦するということにより、「まるがかえ」的に公家政権を抱え込んでいるという構図をつくりあげている。ここでの一つの疑問は、伝奏を過大評価しているのではないかということであ

表2　中世の天皇＝太政官の発する文書と内容（富田正弘「室町殿と天皇」による）

＊中世の天皇＝太政官の発する文書

⑴ 詔書	改元・朔旦冬至祝詞・摂政関白補任・非常大赦
⑵ 勅旨	摂関への賜随身兵杖・内親王准后への賜封戸・大師禅師国師の賜号
⑶ 宣命	天皇の譲位践祚即位・立坊立后・任大臣・諸節会・叙位・除目・贈官位・天台座主・諸山陵への告文奉幣
⑷ 宣旨	諸司別当補任・氏長者諸院家別当補任・諸寺社長史別当補任・一座・輦車・牛車・禁色雑袍・勅授帯剣・除服出仕・列本座等の宣旨
⑸ 口宣案	叙位・任官・補任・身分待遇

＊　これらの天皇の権能は改元等にみられるように、時間・空間に対する支配権をはじめとして、叙位・除目のような社会や身分秩序に関わるものの付与権、譲位や践祚、即位に関わる天皇＝太政官の再生産のための権能、さらに神祇や霊界に対する祭祀権、褒賞や特典の付与権、寺社やその他の遷代職の補任権など広範なものであった。

る。

もう一つは、ここが最も大きな論点となるのであるが、治天の諸権能〈治天権力の一側面、すなわち人と土地に対する支配権・徴税権―所領・所職や租税などの処分権等々の権力にかかわる統治権的な側面―〉が室町殿に移ったあとに、中世天皇制の中の残骸（律令時代以来の天皇の固有の権能）が公家側に残ったとする。その「残骸物」とは、富田氏によれば、掲載の表2に示した事項である。

これらは簡単にいえば、身分・社会秩序、支配階級内部の儀礼、叙位・任官・補任、天皇による時間と空間の支配、浄穢《じょうえ》の観念にかかわる問題等々、天皇制の本来の権能、すなわち観念的権威にかかわる側面である。これらの権限を富田氏は「公家側の政務」（富田氏は律令的天皇・太政官の残存物、院政・親政の残骸、旧治天の残骸とも称しており、私も適宜これらの語句を使用する）と呼んでいる。

このように富田氏は、中世天皇制には「治天の権能」

と「公家の政務」の両側面があり、義満期以降の室町殿は「治天の機能」を掌握し、伝奏を通して「公家の政務」を操縦したことにより、王権を掌握したとするのである。なお、「公家の政務」は律令的天皇＝太政官の残存物（天皇自身と太政官、具体的に公式文書を使用して発する諸事項）と述べており、いわば中世天皇制を「治天の権能」という「統治・行政の権能」と、「律令制の残骸の権能」という「観念の世界に関わる」権威の問題に区分するというように、大きく区分けして二元的構成でみていることが特徴である（中世天皇制の「二元論」といってもよいであろう）。

富田氏は、経済・所有などにかかわる権力、実力などの権限（「治天の権能」）を掌握し、「公家側の政務」を操縦している人物をもって王権掌握者とし、それを義満としているのである。富田説は王権の掌握について、天皇制の二元構成の一方である権力の側面をきわめて重視しており、天皇制が持っている観念的権威の問題については、室町殿は「律令天皇の残骸物（公家側の政務）を操縦できた（それも間接的にである）」［富田 一九八九］と伝奏を通してのみしか見ていないことが特徴であり、この点が一番の疑問である。すなわち、間接的に操縦することと、その権能を所持していることでは大きな相違があるからである。ただし富田氏は別稿「室町時代における祈禱と公武統一政権」［富田 一九七八］において、伝奏がかかわって「公家側の政務」から観念的権威を醸成する国家的祈禱権を奪い取り、それを義満が掌握したとしている（しかし現在の学界ではこの点については否定的である）。

黒田俊雄氏は「鎌倉・室町時代においても国王は依然天皇であって、院庁・幕府などは本質的に権門の門閥支配機関であった」(「中世の国家と天皇」［黒田 一九九四所収］)と論じ、天皇は宗教的に権威づけられ、観念的・宗教的に極めて神秘的な権威とみなされ、国王として位階秩序の頂点として尊厳性を帯び、「権威の源泉」としての役割を果たし、一切の権威を裏づけるための儀礼を行なっていたとして［黒田 一九七七］、このような国王としての側面を「帝王—至高の権威」と呼んでいる。このような黒田氏の説からみれば、富田氏が「帝王—至高の権威」を伝奏を通して、義満が間接に操ることができるとするところに疑問や問題があるといえるのではなかろうか。

黒田氏は国王を権力と権威の両側面から検討して、その両者を持つ天皇を国王としているのであるが、富田氏は黒田氏の権門体制論に乗りながらも、国王を治天の院として、天皇とはしていない(治天が天皇の場合は事情が違ってくるが)ことも大きな相違である。一権門とみなされる院を国王としたために、必然的に王権論における「至高の権威」(富田氏流にいえば「公家の政務」)の問題が軽視ないしは無視されることになったといえる。

私は、権力すなわち「治天の権能」を室町殿が吸収し、義満と一部の公家とのあいだに主従性関係をみたり、「公家の政務」を一過性的にコントロールしたとしても、即それが王権を掌握したことにはならないと考えている。すなわち「至高の権威」の問題が残されているからである。

一方、今谷明氏の『室町の王権』についてはあまりにも有名である［今谷 一九九〇］。義満が皇位を簒奪しようとしたのではないかとの論説を展開して議論になったのであるが、この説はすでに述べたように基本的には田中義成氏の見解を敷衍したものである。よく知られているのでここではその内容については述べないが、いくつかの点に触れておかなければならない。

まずこの著書では王権と皇位との関係がやや不明確なことが問題である。『室町の王権』のサブタイトルは「足利義満の王権簒奪計画」となっており、「皇位」簒奪計画ではない。このサブタイトルからいえば、義満は王権を奪うためにさまざまな画策をしたように読めるが、しかし著書の内容は、後円融の死、義満が出家した以後に王権を掌握した「日本国王義満」による皇位簒奪計画についての叙述が中心である。すなわち、富田説が前提となっているということである。だが、王権の掌握者を「確定」する上で、富田氏が重視しなかった天皇制の「律令的な残骸」について一定程度配慮していることも事実である。

所領安堵などの経済的な関係だけでなく、廷臣・僧侶への官位叙任権への関与、改元などへの関与の問題、国家的祭祀・祈禱を遂行したとすることとの問題、百王説などを通して簒奪の正当化イデオロギーに迫らんとしていることがその配慮である。今谷氏の判断の当否はともかくとして、この点は評価できるところである。ただ室町期の王権研究に関しては、義満は皇位を簒奪しようとしたのか否かに議論が矮小化されてしまった側面もないわけではない。しかしその議論の過程で今谷説は否定されつつあるが、その根拠として義満が行なったという「国家的祈禱」についての研究が蓄積されたのは成果である。

③ 正当化論と社会意識

しかし近年、前述のような富田・今谷氏らによって唱えられてきた通説に対して批判的な見解がみられるとともに、富田説を継承しようとする見解もみられる［中世後期研究会編 二〇〇七］。室町期の国家・王権論の再検討の主要な論題になっている伝奏の位置づけ問題が再検討の議題となり、公武統一政権という規定について公武間の権限吸収に関する「再吟味」が俎上にあがっている。また、「室町殿家司」論の再評価も検討されたりしている。

室町期王権について再検討する学界の動向はたいへんに歓迎するところである。しかし、ここで議論されている点の多くは直接人々を支配する「権力」を中心とするものにとどまっている。いわゆる公武の権力関係論をもとにした王権論・国家論で、室町殿（義満）が公家を抱え込んだかどうかという視点が中心である。だが、王権論は権力論だけでよいのであろうか。私はかつて日本中世の王権について、権力・権威・血統というような点を重要視しなければならないと述べたことがある。この点は今も変わっていない。それゆえ権力論のみで王権論を論ずることはやや不満である。観念的権威や血統（神や仏法と結びついた聖性）などについても議論の俎上にのせる必要があると考えている。

繰り返すが、その観念的権威にかかわる問題は、富田氏がやや軽視した「律令的天皇制の残骸（義満の王権を飾るもの）」に密接にかかわっているのであり、富田氏が作成した表2に掲げた問題を抜きにしては、王権は語れないと考えている。すなわち「院（治天）権力」論、「伝奏によるコントロール」論のみでは、王権のあり方が見えてこないことは明らかであり、王権を検討しようとすれば、富田氏がやや軽視した「公家の政務」を含めて室町期の天皇制の総体について検討しなければならない。

足利義教が唐突に関東と大和に治罰の綸旨を奏請したり、嘉吉の乱後、赤松満祐追討綸旨や関東への多くの綸旨等を発したのは、将軍が幼少で特殊な事態であったからであるとの説は成り立たない。そこには足利尊氏が九州に敗走するときに、持明院統の光厳上皇の院宣を求め、「君と君の戦い」にさせたと同じ論理、正当化論がはたらいているのである。このように問題は決して「伝奏コントロール」論からは解明できないし、室町殿が伝奏を通して間接に操縦できる問題でもない。

そしてその正当化論は、「律令以来の残骸」とされている天皇制の権能から発せられるのである。物事を正当化する権威の中核として存在していたのは天皇であった。天皇の持つ大きな権威なのである。決して「治天の権能」ではない。また日本の中世社会はきわめて身分制が強固な社会であり、尊卑・浄穢観念が強かった。この身分制・身分秩序の問題等も王権を考える上で重要な問題であり、いわゆる聖性（血統）といわれる問題にかかわってくるのである。その他、支配イデオロギーの問題、叙位・任官問題等、いずれも「律令制天皇の残骸」にかかわる問題であり、かつて社会史とよばれた領域でおおいに研究が進展した分野である。

今谷氏の「簒奪」論では、これらの分野を検討することの重要性から、義満が関与し、彼の意思を押しつけたという形態で祈禱問題や改元、叙任等の問題を正面にすえて論じられている。しかし義満（室町殿）の意向が制度的に保証されない段階であったので、諸氏に強制したというイメージが強く、武臣の実力による押しつけともみえる。それゆえ、義満の死去とともに天皇が所持していた「観念的権威の簒奪」は継承されずに、義満の意図したことは瓦解したのである。なお、今谷氏は永享の乱・嘉吉の乱後の綸旨について、詳細に検討して、それを天皇権力の復活と規定されているが〔今谷 一九八五〕、この点については異論がない。

伝奏は日野・勧修寺流らの家が中心であったが、義満が死去すると、室町殿と治天の両者に両属するようになり、嘉吉の乱以後は本来の出自である朝廷側での活動が多くなるのである。この点も情勢からして「例外」論を述べる向きもあるが、私は伝奏が朝廷側で活動をするようになっていったのは、朝廷側に「律令天皇の残骸」があり、現実の支配権も存在していたから、すなわち王権掌握者が天皇であったからであると考えている。中世後期研究会編の『室町・戦国期研究を読みなおす』はタイムリーな好書であるが、「はじめに」において、社会史は「忘れられた」論点、身分制論は「忘れられた」研究領域とされているが、是非「忘れない」ようにすることが重要である。

「律令的天皇の残骸」を含めた形で義満時代の王権論を考えると、義満を王権掌握者と断定することはおおいに躊躇するものである。室町殿（義満）が専制的に、「律令的天皇の残骸」を含めて「まるがかえ」的に公家側を抱え込もうと努力した点は認められるのであるが、成功しなかった。公武統一政権（封建王政）の形成は流産したのである。以後の室町殿はこのような志向をとらなかった。今谷説にも理がないわけではないが、このような観点から考えれば、義満の北山時代は、強烈に王権掌握を志向した「例外の時代」であったといいうるであろう。

④　身分観念と義満

義満が王権掌握（日本国王）を狙ったことは事実であろう（皇位の簒奪ではない）。義満は前記した第二段階以後、権謀術数を使い、公家側の儀礼をまねして、摂関化し、第三段階では天皇家と一体化して上皇の地位を得ようとしたのは、王権を完全に掌握しようとした点にあったことは疑いもない事実であろう。義満が王権を掌握して子孫に継承できなかった理由は、「律令的天皇の残骸」の存在にあった。南北朝動乱は天皇制を観念的権威として強靭な形で残したのであった。確かに「治天の権能」（政治的実権）は次々に幕府側に奪われていった。しかし中世身分制が確立した南北朝動乱の中で、観念的権威の支柱として天皇制は強固な形になるが、これは中世社会の内部の深層心理として存在している身分意識、社会秩序観念、浄穢観念、血統（聖）の観念等々が人々を拘束するようになっていたからである。義満が王権を完全に掌握するためには、この社会意識を自らに都合のよいものに改変するか、取り込む必要があった。すなわち、義満が公家化し、公家となり、上皇化していくのはまさに観念的権威にかかわっていたのである。

義満が国王になるためには、「律令的天皇の残骸」を完全に自己のものとしなければならなかったのであるが、それを成し遂げる前に死去したのである。現在からみれば、義満が手っ取り早く「律令的天皇の残骸」を自己のものにするためには、天皇位の簒奪か自分の子息を天皇位にすえることであったであろうと推測される。もしそのような「荒技」を行なわないならば、かなりの長期にわたることであるが、天皇を中心とする身分制観念、社会意識を変革していくしかなかったであろう。だがそれもできなかったのである。天皇は王権から離れたように見えながらも、しぶとく王権の中心に存在していたのである。

なお、室町期の将軍＝公方を「非凡人」と規定し、将軍（室町殿）を超越的権威とみなして、彼を頂点とする権力・身分秩序の正当性をそこに求めようとする見解もある〔桃崎 二〇〇四他〕。室町殿が公武の上に立って王権を振るう正当性を、公方の秩序観念で整序しようとする見解である。すなわち、鎌倉後半期以来、上位の有力者を公方と呼ぶ風習・観念が日本社会に広まっていった（公方は将軍のみではない）。ところが、室町期頃からは、多くの場合に室町殿になったとして、公方＝室町殿が頂点となり、公方の観念を通して、公家・武家・僧侶等を抱え込む支配秩序が正当化されていったというのである。権力（王権）の正当性を、社会に広く存在している観念である公方に求めたといえる。

この時期の公方は、いまだ上位者を指す一般的な観念であった。一般的な上位者にたいする観念をもって、王権の正当性という特殊なことを問うことについては、ためらいがある。この見解は、社会の中から生まれてきた「公方」が、特殊な「王権を指す観念」になり、それは室町殿のみを指すものであるという論証が必要である。天皇に代わる秩序観念が公方の中にあるかどうかの検証も必要である。公方という語句は所務・所領等にかかわる権力・権力者に関するものが多く、聖性や身分秩序等の社会意識にかかわっているかどうかという点については、今後検討していかなければならない問題である。

3　室町時代の国家をどう考える

(1)「公武統一」国家や否や

北山時代の義満の政治的立場は明らかに「公家」であるといっていいだろう。義満の出自は武人であるが、この時期においては公家・文人として政治を行なったといえよう。彼はなぜ「公」の立場で政治権力を掌握しようとしたのであろうか。ここではこのことについて詳細に述べることはしないが、一般的には対明外交の問題とかかわりあってくるものと考えている。明との交渉の中から、辺境・武人政権ではなく「文治政治」の理念をもって中央集権的権力組織を造って文明国家を樹立しようとしたのが義満政権であったと推測できる。義満は主観的には公家・上皇となり、律令以来の官僚組織・「律令時代以来の残骸」をコントロールし、「治天の権能」などを乗っ取り、掌握しようとしていたが、客観的には中国明などと同様な文治国家、君主専制体制の封建王政を樹立しようとしていたとも考えられる。東アジアの政治体制に目配りしながら義満政権の性格と、その変化を考えていく必要があるであろう。

義満は後継者に将軍義持の弟である義嗣をと考えていたともいわれている。しかし結果は有力守護(武人)の支持をうけた義持が、義嗣を蹴落としたことは周知の事実である。義満の死後、京都市中においては武人を中心とする権力・行政機構と、公家(文人)による行政機構が区別され、公・武の二つの権力機構が併存していたことは明確であり、その両権力を取り持っていたのが伝奏であったといえよう。決して武側が公側を「まるがかえ」していたわけではなかった。そして王権は「公家側の政務・律令的残骸」に囲まれた天皇にあったといえる。

義満時代においても基本的には同様であった。ただ義満晩年の北山時代に少しばかり「相違」がみられたということである。その「相違」とは、朝廷側の権力も幕府側の権力も、義満の実力（上皇化）によって押さえこまれてしまったようにみられることである。しかし王朝側の権限は、一旦は見えなくなっただけであり、制度的になくしてしまったわけではなかった。実力者が不在となれば、復活してくるのは当然であった。一旦崩れた公武権力のバランスが元に復しただけであるといえる。そもそも「統一」政権や「融合」政権という概念はどのようなものであったのであろうか。

建武政権は「公家一統」政権などと呼ばれることがある。そのように呼ばれるのは公家を中心に、雑訴決断所以下の権力機構を公家・武家が入り交じって構成しているからである。このような権力の形態が統一政権である。ところが、義満政権下においても、それ以後においても、武家と公家が人的に融合したり、各支配機関で交流したりする姿はまったくみられない。室町殿と伝奏が公武をつないでいるだけである。義満政権を「公武統一（一統）政権」とか「公武融合政権（国家）」というためには、少なくとも権力機構の統一（一部だけでもよい）が必要ではなかろうか。あるいは一方の機構が他の機関を制度的に完全に下部機関としてしまうことが必要ではなかろうか。義満時代にはそのような権力形態は見られないことも自明なことである。義満はこのような両権力の上に立って統一したようにみられるが、基本的には公武に分かれた政権であったといえる。

⑵「複合政権」国家論をめぐって

京都市中に居住していた室町殿、院、天皇などの相互関係について論じ、また権力機構についても触れてきた。しかし国家の問題は、京都市中やその近辺の国々の問題だけを論じていれば解明できるものではなく、京都内部の公武関係だけでは室町期の国家が見えない。すなわち外国(関東・奥羽・鎮西)も視野に入れて論じなければならない。とくに直接的には関東・奥羽が問題になってくる。それは京都とのあいだに室町期には深い確執が存在していたからである(見方によっては平安期の将門の乱以来ともいえる)。義教時代の管領であった畠山満家《みついえ》は、遠国については幕府に強い統制力がないとするのが尊氏以来の慣例であったと述べていることに注目しなければならない。

九州探題や奥州探題などは制度上、幕府の下部機関であることが知られる。しかし鎌倉府(関東府)と室町幕府とのあいだは上下関係について一筋縄ではいかない問題が横たわっていた。鎌倉府は建武政権下から始まるのであるが、義満期以降はほぼ自立した広域行政府となり、さらに応永期以後には、ほぼ自立した権力となっていくのである。将軍(室町殿)と鎌倉公方のあいだには血縁関係は存在するが、幕府機構上は上下の命令関係はまったく存在していないのである。しかし、朝廷(天皇)との関係は官位を通してつながりがあった。また関東管領はもちろん、東国の各国守護も鎌倉に出仕して、鎌倉に在住していた。鎌倉府は幕府と同様な権力・官僚機構、裁判や軍事指揮権、土地の支配権などを持ち、鎌倉公方を頂点する権力機構であり、支配する地域もまとまっていた。関東幕府、関東将軍なる語句も確認できる。

ただ関東管領や東国各国の守護補任は、幕府の承認を必要としていたことも事実である（禅秀の乱の後に甲斐・常陸の守護補任をめぐって両府が対立することはよく知られている）。このようにみてくると、両者はまったく対等とはいえないが、鎌倉府は東国（関東十か国、応永期以降は奥羽両国を含む）を支配する権力（政府）とみなしてよいであろう。「目下」の自立した機関の長であった鎌倉公方は常に将軍の座を狙い、両府の確執は絶えず、そして永享の乱によって鎌倉公方の死に至るのである。

東国政権の首班である鎌倉公方の任命はだれが行なったのか、初代足利義詮、足利基氏《もとうじ》の場合は尊氏の意向であったことは明らかであるが、その後は基氏の子孫の世襲となり、補任にかかわる手続きはなく、室町殿との関係は「諱字拝領」「猶子関係」等の擬制的血縁関係だけであった。永享の乱後は、将軍足利義教は自分の子息の一人を鎌倉に派遣しようとしていたようであるが、嘉吉の乱によりその思惑はつぶれた。嘉吉の乱で義教が殺害されると、鎌倉公方の補任権はどこにあるのかという大問題が持ち上がったのである。もちろん管領などの幕府重臣にそのようなことを行なう権限も意思もなかった。将軍義勝《よしかつ》は幼少で意思決定ができなかったことはいうまでもない。

前掲の角田石川文書はこの点を解明するカギとなる史料である。天皇による綸旨が浮かび上がってくるのである（たとえ綸旨が偽物であっても、このように文言を掲げる意義を問わなければならない）。後花園天皇の綸旨はその後、関東管領の補任でも活用されているのである。幕府首脳は治天後花園天皇に鎌倉公方の件を執奏して、綸旨を発布したものとみなすことができる（関東管領も綸旨で補任されている)。

嘉吉の乱後に書かれた鎌倉府側の史料である「殿中以下年中行事」によれば、京都と鎌倉の両公方は「天子(天皇)の代官」であり、大樹(将軍)と呼んでいると述べていることが知られている。この書は、まさに天皇によって鎌倉公方も補任されていることをうかがわせるものであり、また天皇を中心に京都と鎌倉の対等性を強調するものであるといえる。

鎌倉府支配地を東国国家とみなす見解があることも事実であるが、私はこのような見方はしない。鎌倉府は室町期国家の中の強力な地方政権(東国政権)と考えている。なぜ東国国家とみなさないかは省略するが[伊藤 一九九九参照]、東国に強力な政権が存在したとみなせば、室町期の日本には複数の政権が併存したことになる。京都には幕府権力、治天を中心とする王朝権力(政府)が存在しており(公武両権力の併存は前述した)、鎌倉の東国政権を加えた複合政権国家ということができよう。室町殿を王権掌握者とみなす公武統一政権論者は鎌倉府の存在を無視しているが、この点をどのように考えるか気にかかるところである。

複合政権国家の典型は、鎌倉時代の鎌倉幕府と京都の朝廷政権によって構成されていた国家と考えている。黒田俊雄氏は周知のように権門体制国家論を提起して、鎌倉幕府を一つの権門とみなして公家、幕府、寺社が協調し、相互補完しながら国家を構成していたとしている。鎌倉期に関しては、この説に賛同する研究者が多い。私も共感を持っている一人である。

だが、鎌倉幕府を院や摂関と同様な一権門とすることに違和感を持っていることも事実である。鎌倉幕府は権門ではなく、東国を中心とする強力な権力機構を組織する政権と考えているからである。また京都の院・摂関などを中核とする朝廷も、西国を基盤に持つ一つの政権である。この両者が相克を繰り返しながらも基本的には協調して相互補完的に人民を支配していると考えており、国家の形態としては、複合政権国家ともいうべきものであるといえる。室町時代の国家はこの変形したものと思われる。

鎌倉時代の王権も、黒田氏が唱えているように天皇が王権の掌握者であったといえる（治天の院ではない）。その王権は天皇のみで完結するのではなく、院・将軍らも王権の一端を担っていたものと思っている。というのは、政権が幕府と朝廷に分かれ、朝廷内部においても富田氏流にいえば治天とともに「律令時代の残存物、残骸」のようなものを持つ者が存在したので、必然的に王権の構造も複合的にならざるを得なかった。それゆえ王権も天皇・院（治天）、将軍（場合によっては得宗）が相互補完的に担っていたのである。もちろん、その代表者は「律令的天皇の残骸」のような権能を持つ天皇であった。

室町時代の王権も同様であった。公武間においては、将軍（室町殿）の地位や権力が各段に強化されたのであるが、基本的には同様の形態であった。だが東国政権（鎌倉府）の首班（鎌倉公方）は王権の構成からは外れていた。

おわりに

　以上が私の考えている室町期の国家と王権のあり方である。複雑な権力形態をとっている室町時代においては、きわめて荒っぽい考え方であると思われる向きがあるかもしれない。だが富田氏のように中世の天皇制を「公家の政務」（律令的天皇の残骸）と「治天の権能」というように区分して、「治天の権能」をより重くみないで考えると、このような結論となる。中世の王権の所在は「律令的天皇の残骸」と密接にかかわっており、その点の重視も必要ではないかと考えている。

　残されている問題は多い。一つは室町時代の寺社勢力をどのように考えるかという点である。黒田俊雄氏の権門体制論においては、寺社勢力は国家を構成し、相互補完関係にある有力権門と位置づけられているが、室町時代の寺社勢力についてはあまり明確に言及されていない。私はこの時期の寺社勢力については、平安以来の仏教等は公家、禅関係は武家によって、公武に「丸抱え的」に抱えられた存在であると考えているが、今後の検討課題である。

　もう一つは守護の問題である。富田氏は「室町殿の王権は、守護領国制と権門体制の上に立つ政権であった」と論じている。私も在京守護と室町殿の関係は重要だと考えているが、いまだに手を付けないでいる。今後の課題として残しておくこととする。

　最後に一点だけ述べておきたい。室町期の国家と王権などというテーマにおいて、王権掌握者を通説的な室町殿に代えて、天皇とすべきであるなどといえば、戦前の天皇制にダブるように見られる危惧がある。事実、その点を批判している研究者もいないわけではない。だが、私が室町期の王権掌握者を天皇としたのは、室町期の天皇を「二元論」的な形態で考え、「治天の権能」が室町殿に移行したことを核として、王権問題を片付けようとしている現状に飽きたりないからである。私の最大の問題関心は、歴史上において実力・武力的側面から見たならば、「天皇制廃絶」の機会が存在しなかったわけではないにもかかわらず、なぜ現在まで天皇制が続いているのかという点である。「朝廷・天皇・公家」を過大評価しすぎると批判する論者には、「天皇制が続いている」という歴史的解明を求めたいものである。現在まで天皇制が続いている理由は、端的にいえば、「律令的天皇の残骸」を持ち続けたからではないかと私は思っている。「律令的天皇」システムによって形成され、続いている身分制、貴賤・浄穢の観念、天皇を「権威の源泉」とみなす社会意識などが、平安時代以来、次第に蓄積されて日本社会の深部まで浸透しており、「治天の権能」が消えてしまった後も、日本社会はこのような点の意識変革がなされないまま、むしろ深化して再生産されてきたのである。これが天皇制を現在まで続けさせた大きな要因と考えている。それゆえ「治天の権能」（権力論）だけでなく、天皇の権威にかかわる側面の検討も考えるから、あえてこのような話をしたまでである。

〔追記〕本章は、二〇〇八年、秋田大学で開催された東北史学会、秋田大学史学会の合同大会における講演記録で、『秋大史学』五五号(二〇〇九年三月)に掲載されたものを採録したものである。採録にあたっては誤記を訂正したり、話し言葉を文語体に改めるなど若干の手を加えたが論旨に変更はない。なお、講演という性格上、引用文献・史料などは必要最小限にした。漏れているものもあると思われるが、ご許容願いたい。

参考文献

家永遵嗣『室町幕府将軍権力の研究』東京大学日本史研究室　一九九五
石原比伊呂「足利義持と後小松「王家」」『史学雑誌』一一六編六号　二〇〇七
伊藤喜良「応永初期における王朝勢力の動向」『日本歴史』三〇七号　一九七三
伊藤喜良「伝奏と天皇」『日本中世の王権と権威』思文閣出版　一九九三
伊藤喜良「中世後期からみた王権」『中世国家と東国・奥羽』校倉書房　一九九九
伊藤喜良『足利義持』吉川弘文館　二〇〇八
伊藤喜良「嘉吉の乱後の鎌倉府と綸旨」『奥羽から中世をみる』吉川弘文館　二〇〇九
今谷　明『室町幕府解体過程の研究』岩波書店　一九八五
今谷　明『室町の王権―足利義満の王権簒奪計画―』中央公論社　一九九〇
榎原雅治「一揆の時代」同編『一揆の時代』吉川弘文館　二〇〇三
黒田俊雄「中世天皇の基本的性格」『現実のなかの歴史学』東京大学出版会　一九七七
黒田俊雄『黒田俊雄著作集』第一巻　法蔵館　一九九四
佐藤進一「足利義教嗣立期の幕府政治」『法制史学』二〇号　一九六八(のち同著『日本中世史論集』岩波書店、一九九〇年所収)
佐藤進一『日本中世史論集』岩波書店　一九九〇
佐藤進一『足利義満』平凡社　一九九四

佐藤博信「永享の乱後における関東足利氏の動向」『日本歴史』四八二号　一九八八
田中義成『足利時代史』明治書院　一九二三
中世後期研究会編『室町・戦国期研究を読みなおす』思文閣出版　二〇〇七
富田正弘「室町時代における祈禱と公武統一政権」『中世日本の歴史像』創元社　一九七八
富田正弘「室町殿と天皇」『日本史研究』三一九号　一九八九
服部敏良『室町安土桃山時代医学史の研究』吉川弘文館　一九七一
藤木久志・伊藤喜良編『奥羽から中世をみる』吉川弘文館　二〇〇九
水野智之『室町時代公武関係の研究』吉川弘文館　二〇〇五
桃崎有一郎「「裏築地」にみる室町期公家社会の身分秩序―治天・室町殿と名家の消長―」『日本史研究』五〇八号　二〇〇四
百瀬今朝雄「足利成氏の幼名」『日本歴史』四一四号　一九八二
森　茂暁「足利将軍の元服」『中世日本の政治と文化』思文閣出版　二〇〇六

II　コキマゼの文化と社会

1章　バサラと寄合の文化——都鄙・上下を「コキマゼテ」——

1　異形とバサラ

動乱期文化の特徴　南北朝動乱期は日本の中世という時代の前後を分ける時期であった。中世という時代は、動乱の時代であるというイメージが一般的にはきわめて強く、殺伐な時代であったと思われている。さらに政変も何度かあり、権力の所在地も移動し、公家から武家が権力を奪った時代であると見なされている。しかし、中世という時代は民衆が生き生きと生活していた時代であり、多様な可能性を秘めた時代であった。対外交流は活発であり、経済活動も盛んで、民衆が次第に力を付けて「一揆の時代」となっていったとするのが通説である。この一揆の前提には人々が一つの行動をするための相談、すなわち「寄合」があった。このような時代の中間点が南北朝時代であった。

中世という時代の文化は古代以来の貴族文化、武家文化、さらに民衆文化というような各階層を中心とした文化が形成され、また中国文化が流入してそれに入り交じり、南北朝動乱期以後、現在まで残されている日本独自の文化が次第に確立していった。文化や民衆生活の観点から見ると、南北朝動乱期は日本歴史上の大転換期であった。南北朝期以前の日本社会は、原始や古代社会の特色を色濃く持っており、呪術や感性等を重視する社会で、芸能民をはじめとして遍歴する人々も多かった［網野 一九七四・一九八〇・一九八四等］。

だが、南北朝期をすぎると、社会的分業の発展により社会は大きく変化していく。定住して活動する人々が多くなり、遍歴・流浪する人々は差別・賤視のまなざしが向けられるようになっていった。その遍歴・流浪する人々の中に文化を担う芸能民の姿があった。中世初期から形成されてきた中世の身分制が最終的に確立したのもこの時代である。

現代の著名な芸能などは南北朝動乱期前後に成立してきたものが多い。これらは南北朝動乱時代という転換期の中で、貴賤・都鄙・上下・僧俗等の文化交流（「コキマゼ」＝「こき混ぜ」）の中から生まれてきたのである。その「こき混ぜ」と、社会の中に存在する「寄合」という社会状況が南北朝期の独特の文化を生み出したのである。このような動乱期の文化は、中世前期の文化を当然継承するものであるが、変化も大きかった。その変化をもたらした原因は、社会や社会意識の転換に求めることができる。そのために中世前期の文化や芸能、さらには社会意識と動乱期のそれとの対比は重要である。

またこの時期に政治的権威の変転が起こり、「自由狼藉の世界」が出現したとされているが、この「世界」を代表する人々として「婆娑羅」(以下、バサラとする)が有名である。バサラが一方の世界の柱ならば、他方のこの時代の文化の顔は観阿弥《かんあみ》や世阿弥《ぜあみ》等の芸能民である。この当時の芸能を担った人々、ことに、雑芸者《ぞうげいしゃ》と呼ばれる人たちが活躍するのであるが、その社会的地位は低かった。中世身分制の確立過程で、彼らは「穢観《けがれかん》」との関連から、卑賤《ひせん》なものと位置づけられたからである。そしてもっとも注目しなければならないことは、この時代の文化の発展の上で「田舎」の寺社(ここで、しばしば「寄合」がもたれた)の果たした役割がきわめて大きかったことである。それはなぜかといえば、この寺社こそが芸能の場であったからである。ともあれ、この時期の文化をまずバサラの世界からみていこう。

綾羅錦繍《りょうらきんしゅう》に身をつつんだ人々　南北朝動乱の世界で生きた人々はさまざまであった。この時代には定住して農耕に励む人々が多数であったと思われるが、流浪・遍歴しながら生活の糧を得ている人々も多く見られた。また、都市も発展して流通・経済にかかわるものも多くなっていった。南北朝動乱期が日本人の生活や意識等の大きな転換期であることについては述べたが、このような転換期にバサラと呼ばれるような人たちが当時の人々の注目を集めているものの、彼らはときの権力者にとって好ましいものとはうつらなかった。

室町幕府の成立直後に発せられた『建武式目』の第一条に「倹約を行はるべき事」という条文がある。そこには以下のように認められている。

近日婆佐羅《ばさら》と号して、専ら過差《かさ》を好み、綾羅錦繍《りょうらきんしゅう》・精好銀剣《せいこうぎんけん》・風流服飾《ふりゅうふくしょく》、目を驚かさざるはなし。すこぶる物狂《ぶっきょう》と謂《い》ふべきか。富者はいよいよこれを誇り、貧者は及ばざるを恥づ。俗の凋弊《ちょうへい》これより甚だしきはなし。もっとも厳制あるべきか。

『建武式目』は大きく二つに分かれており、一つは新政権の所在地に関するものであり、ほかは基本政策を示す一七条の法文である。当面の政策を示す基本法文は「政道の事」としてまとめられている。この一七か条のトップに規定されているのがこの条文である。この法令でまず興味を引かれるのは「婆佐羅」（「婆娑羅」とも書く）という語である。「ばさら」というが、梵語のＶａｊｒａ（金剛）が語源であり、それから転訛して「跋沙羅（ばさら）」、「婆佐（ばさ）」となったといわれており、その意味するところは、金剛石はきわめて堅い石なので、すべてのものを打ち砕くことより、密教では煩悩を砕いて魔を倒す力を持っているものと考えられていた。すなわち「婆娑羅」は魔神や疫鬼を退散させる呪術的なものと位置づけられているのである。魔とは仏教界に内在する秩序の乱・荒廃であったという［若林 二〇〇〇］。

ところが平安中期頃から次第にその言葉の意味が変化していく。「婆佐」という語が「狂乱」に近い言葉として使用されているという指摘もある。そして鎌倉時代の中頃に至れば、舞楽などの調子はずれの様子を「ばさら」というようになり、さらに驕慢《きょうまん》・放埒《ほうらつ》に遠慮会釈なくふるまい、常軌を逸した行動をとる連中をバサラというようになっていった［守屋 一九八五］。ただ平安中期の「狂乱」という行動は必ずしも悪い意味を持っているものではなかった。「永長大田楽《えいちょうのだいでんがく》」（後で触れる）にみられるように、「狂乱」は疫病等を追放するための人々の熱狂の一種であったし、「神事」の場における非日常的な行動の一種であった。そのようにみると「婆佐」なるものは、平安中期においてはまだ呪術的な意を込めたものであったといえよう。

しかしこの語は鎌倉期に入ると「悪」のイメージとなっていき、南北朝動乱期には『建武式目』に見られるように、贅沢をきわめる放埒な「物狂」の連中を指すようになっているのである。その具体的な様子としては綾羅錦繡(あやぎぬ・うすぎぬ・にしき・ぬいとりを意味しており、その布を使った衣服)・精好銀剣(きわめて上等な銀でこしらえた剣)・風流服飾(派手な意匠を凝らした服と装身具)が指摘されているのである。

建武政権を倒した直後に発布された新政権の基本方針を示す条文の第一条に、このような規定があることはきわめて興味深いことである。ちなみに鎌倉幕府の法律である『貞永式目』の第一条は神社の修理・祭祀に関する規定であり、第二条は寺塔の修造・仏事勤行についての条文である。ところが『建武式目』の第一条は上記のようであり、また第二条は人々が勝手気ままな遊興を行なうことの禁制であった。新政権は何を恐れてこのような法令を発したのであろうか。天下の人心を掌握するためにこのような法文が必要であったのであろうか。

傍若無人な行動について

『建武式目』に深くかかわったのは足利直義《ただよし》であった。直義は秩序を重んじて法による裁き、理非決断を推し進めた室町初期の政治家としてよく知られているところであり、室町幕府樹立の立て役者であった〔佐藤　一九六五〕。鎌倉期的な理非を重んじた政治を理想としていた直義であったので、建武式目は綱紀粛正の意味で「贅沢禁止」の条文を置いて、秩序ある政治を行なおうとしていた。彼の政治姿勢の要はこの点にあったのであり、鎌倉時代の執権政治的な政治を理想としていたので、政治や社会におけるバサラ的なものの排除を強く望んでいた。

ところが幕府政治の中心であった直義と対立する勢力が存在していた。それはバサラ大名と呼ばれる武将たちで、旧来の秩序をいかに破壊するかということを日夜実践していた者たちである。『太平記』に「ばさらにひたって、身には五色を粧《かざ》り、食には八珍を尽し、茶の会酒宴に若干の費《ついえ》を入、傾城《けいせい》田楽に無量の財を与《あた》へし」（巻二四）とあり、このようなバサラで有名なのは佐々木導誉《どうよ》である。導誉の傍若無人な行動を『太平記』はあますところなく記している。

たとえばよく知られている記述として、暦応三年（一三四〇）十月に導誉の一族・若党等が「ばさらに風流を尽して」天台座主亮性法親王《りょうしょうほっしんのう》の居住する妙法院《みょうほういん》の前を通りかかり、庭の綺麗な紅葉を荒々しく折ってしまい、それを咎められて乱闘になった報復として、妙法院を焼き討ちするという前代未聞の事件を詳細に伝えているのである。このような行動は導誉だけではなかった。康永元年（一三四二）九月、美濃国守護である土岐頼遠《よりとお》が路上で鉢合わせした光厳《こうごん》上皇の御幸《ごこう》に「矢を射かける」という乱暴狼藉をはたらいた件も有名である。さらに高師直《こうのもろなお》にいたっては、天皇や上皇は邪魔なものだから遠くに流してしまえ、どうしても必要ならば金か木で像を造り都に置いておけといったという。動乱期の武士層の意識を活写してあまりあるものといえよう。動乱期の武士たちは多かれ少なかれ同様な意識を持っていた。

このような傍若無人な行動は室町幕府の武将ばかりではなかった。建武政権下においても後醍醐天皇の寵臣であった千種忠顕《ちぐさただあき》が同様な行動をとっている。『太平記』によれば、彼は毎日豪華な料理とともに酒盛りをし、それに飽きれば数百騎を従えて山野に出て、犬追い、鷹狩りに日時をついやしており、その時の衣装は豹《ひょう》・虎のむかばき、金襴《きんらん》や絞り染めを直垂《ひたたれ》に縫っているというのである。『太平記』の筆者はこのような忠顕の振舞いを「僭上無礼《せんじょうぶれい》(家柄をわきまえない無頼なおごり)」として、口をきわめて批判している。

建武政権内部に異様な人々がいたことはよく知られているところである(『中世政治社会思想』上)。建武政権が「武者所の輩」に発布した法律にも衣服、金銀装飾の太刀や鎧・直垂等の禁止がみられるのであり、さらに「陣中の法」によれば、異形の連中の出入りが禁止されているが、具体的には、俗人の裹頭《かとう》(目だけ出して覆面をすること、この当時のばさらの一種ともいわれている)、鬢帽子《びんぼうし》(鬢から顔の両側を布で覆ったかぶりもの)を用いているもの、笠着《かさぎ》のもの(笠を脱がないでいるもの)、短い袴をはいているもの、藺沓《いぐつ》(いぐさで編んだ裏のない草履)をはいているものの出入りが禁止されており、そのほかにもかなり細かく規定されている。建武政権の中に従来の公家の感覚では考えられない連中が入り込んでいたことが知られよう。そういえば、後醍醐天皇その人も「異形の天皇」と見なされているのである［網野 一九八六］。

バサラと呼ばれるような人々は乱れた行為や勝手気ままな乱暴狼藉などを行なう人々を指し、異形の一類型とも見なされていたのである。そしてこのような人たちこそが動乱期の寄合の文化・文芸を支える一群であり、権力が禁圧しようとも動乱期の社会の中に深く広がり、強い支持を得ていった。というのはバサラや異形は祭礼と密接な関係があり、穢観念と深いつながりがあり、人々の生活と密接な関係を持っていたからである。南北朝動乱期の芸能や文化等のあり方やその変化などを見ていくためには、中世前期の民衆文化の原形・基礎が造られる祭礼や儀式等について検討しなければならない。中世前期の祭りや儀式には異形が独特な意味を持っていたのである。バサラと異形は重なる面が多いので、中世前期に少しさかのぼって異形を見ておこう。

バサラと異形の源流　バサラの語源は何かということはすでに述べたが、異形とは何かということを知らなければならない。これを理解することが動乱期の文化事象を見るうえで重要である。古代から中世の文化・芸能と異形は切っても切れない関係にあった。

古代から中世初期において、芸能は祭礼の場において催されるのが普通であった。たとえば貞観五年(八六三)に行なわれた御霊会《ごりょうえ》をみてみよう。御霊会は政治的に失脚し、地方に流されて憤死したものの霊(怨霊)を慰撫するために開かれたものである。なぜかといえば、この当時疫病が流行して死者が多く出ていたことにより、疫病の流行は恨みを飲んで死んでいったものが祟っているのではないかと考えられたからである。あの世(異界)から来た怨霊が疫病等の災害をもたらしているというのである。そこで政府は怨霊に対してさまざまな接待をして慰め、祟りをなさないようにして身を引いていただく儀式として御霊会を開催したのである[柴田 一九七三]。

怨霊を慰める儀式の内容は何かといえば、僧侶が金光明経《こんこうみょうきょう》・般若心経《はんにゃしんぎょう》を読経し、雅楽寮の伶人《れいじん》による雅楽、散楽、唐・高麗の舞、馳射《はせゆみ》、相撲《すまい》、走馬《はしりうま》などが奉納されている(『日本三代実録』)。ここで注目しておきたいことは伶人による雅楽や散楽、舞(伎楽)がなされていることである。これらの楽は仮面舞踊である。御霊会は寺社等のさまざまな場所で催されたが、必ずといっていいほど伶人による雅楽などがなされているのである。さらに次のような例もある。十一世紀末に「永長大田楽」という運動が起こったが、これは祇園御霊会を契機として起こったものである(『京都の歴史』)。人々のこの運動は当時疫病が流行ったことより、それをもたらす疫鬼・疫神の遷却を目的としたものであった。この大田楽は異様な興奮につつまれたものであったが、この田楽に参加した人々の姿態が異様であったことが注目される点である。「錦繍をもって衣となし、金銀を以て飾となす」とあり、公家が高扇《たかおおぎ》をかかげ、平たい沓《くつ》などを着したり、裸形《らぎょう》であったり、腰に紅衣をまいた異様な姿であったり、ザンバラ髪であったり、田笠を頭にのせた異形であったという(『洛陽田楽記』)。さらに法律で禁止されている摺染成文《すりそめせいもん》の衣装を着けているものがあったという(『中右記』)。また舞楽の衣裳である裲襠《りょうとう》を着したものが舞楽の陵王《りょうおう》・抜頭《ばとう》を奏したという(『洛陽田楽記』)。

十二世紀半ばには「ヤスライハナ」という、「永長大田楽」をうわまわるような民衆運動が再び起こっている[河音 一九八四]。この「ヤスライハナ」が起こったときも疫病が流行していた。このときに洛中の男女が紫野社に群がり集まって騒乱状況となったのである。その「ヤスライ」集団の状態は、鬼の形をした「悪鬼」がおり、それを数十人の童子による歌舞集団が取り巻いており、さらに歌・笛・太鼓・鉦《しょう》等で歌い囃す集団が付き従っていたという。このような「ヤスライ」集団の中心となっている「悪鬼」は、「悪気と号して鬼のかたちにて首にあかきひたたれをつけ」ていたという。またそれを取り巻く集団は「貴徳《きとく》」という舞楽の面をつけたり、傘の上に風流の花を挿《さ》して踊りくるったと伝えられている（以上『梁塵秘抄口伝集』巻一四）。この「ヤスライハナ」は紫野今宮において四月に行なわれ、現在まで伝えられているが、この運動も「永長大田楽」と同様に、異様な姿態をした疫病等の追放を目的としたものであったということができる〔伊藤 一九九三〕。

「永長大田楽」や「ヤスライハナ」はもっとも有名なものであるが、そのほかにも大小さまざまな御霊会や穢れの祓いの民衆運動が展開されていた。これらの運動は「錦繍を以て、衣となし」、あるいは「裸形にして腰に紅衣を巻く」等の姿態であり、南北朝期のバサラの様態に異ならない。さらに舞楽の異様な面をつけた人々が多く参加しているが、これらの人々の姿態は「天下泰平」「現世安穏」を願うためになしたものである。すなわち異様な姿態や異形な面は疫鬼等を駆逐して、「現世安穏」をもたらすものと考えられていたのである。異形の持つ独特の意味、当時の人々が異形をもてはやした意義はこの点にあったのである。

しかし、前述のような点は一つの側面であり、当時の人々の異様な姿態や異様な行動のすべてではなかった。祭礼における異様に着飾った「綾羅錦繍」、豪華・華麗な容姿は確かに呪術的要素を持っていたのであるが、他面においては神事の場や行事の日において、人々は非日常的な意識を持ち、厳しい身分秩序から解放されて、豪華絢爛たる衣装をまとったりして、分にすぎた華美とみなされる「過差《かさ》」や「傾奇《かぶき》」と呼ばれるような「異形」状態にいたり、突飛な、異様な行動をしたりして、日常の生活状況から逸脱するという貴賤男女の享楽の側面も存在していたのである。このような日常的状態を離れた行動を「風流《ふりゅう》」といったり、「物狂《ぶっきょう》」と呼んだりしていた。「過差」や放逸《ほういつ》などは、祭によく見られたものであったが、祭りで「無秩序」な行動に走る理由は、民衆の鬱積したエネルギーが祭の日に発散した姿であるとの指摘もある［黒田 一九八七］。このような意識・状況に連なるものが「反秩序」を標榜したバサラであったといえる。「綾羅錦繍」にたいする人々の意識は両面性があったことを指摘しておかなければならない。

違法な衣服をめぐって　秩序を乱すものとして、豪華・華麗な服装は一般的には禁止されていた。十世紀後半以後、「綾羅錦繍」や「非色《ひしょく》の衣袴《いこ》」（違法の衣裳）の禁制が多く発せられている。たとえば天延三年（九七五）二月十五日に発布された禁制には、

賀茂《かも》・石清水《いわしみず》等の臨時祭使《りんじさいし》・陪従《べいじゅう》等の率《ひき》いるところの従者《じゅうしゃ》（中略）、着《き》るところの衣裳《いしょう》、綾羅錦繍《りょうらきんしゅう》にあらざるを着用《ちゃくよう》せざるはなし、ただ朝章《ちょうしょう》を慎《つつし》まざるのみにあらず。諸官緩怠《しょかんかんたい》、糾行《きゅうこう》をせざるの致所《いたすところ》なり。自今以後《じこんいご》、よろしく検非違使《けびいし》に仰《おお》せて、重《かさ》ねて禁遏《きんかつ》を加《くわ》へ、もし制旨《せいし》にそむき、式数の外《ほか》（正式に決められた数以上）、過差《かさ》の従類《じゅうるい》あらば、すべからく其身《そのみ》を捕《とら》へよ（『政事要略』巻七〇）

というように、賀茂社や石清水神社の祭礼に従事する従者の衣裳について禁制を発しているのである。賀茂祭等において官人らが違法の衣裳を着ていたということで、その衣裳をはがされるという事態も起こったりしている［守屋 一九八五］。

このような禁制は公家新制として鎌倉時代にも数多くみられるものであり、朝廷の一貫した政策

であった。後白河《ごしらかわ》上皇は親政・院政期を通じて一一回の新制を発しており、ことに建久二年(一一九一)三月に発せられたものは詳細である。新制の中でも衣装等の「過差」の禁止は眼目であった。このような異様な服飾にかかわる禁制は、身分制の維持・整序を目指す権力にとって極めて重要な項目であった。身分上許されない色を衣服に着用することを「禁色《きんじき》」と呼んでいる。これは身分制を維持しようとするうえで重要な核であったことを示している。公家新制は鎌倉時代にも引き継がれ「過差」の禁制は続いたのである。『建武式目』第一条「倹約を行はるべき事」は、このような平安以来の禁制の延長上にあるものであったといえる。『建武式目』の編者である足利直義は、まさに平安以来の政治の要諦を室町幕府でも実践しようとしたのである。それはバサラのような人々がいたからである。

だが、このような「華美な衣裳の禁制」に拘束されない人々が存在していた。呪師《じゅし》と呼ばれるものたちである。呪師とは古代末期から中世前期にかけて盛んであった芸能で、寺院の修正会《しゅじょうえ》(正月に国家の安穏と吉祥を祈願する法会)において、悪魔払い(穢の祓い)を行なう宗教的芸能を担当した芸能者である。鎌倉初期の建久六年(一一九五)の修正会における彼らの衣裳は美麗であり、異様なまでの奢侈《しゃし》であったが、その中でも特に西園寺公経《さいおんじきんつね》が調進した呪師装束について、「美麗の条、珍重といえども、過法の条、もつとも戒めらるべきか」(『玉葉』同年正月十八日)と、「過法(行きすぎ)」ではないかと述べているのである。さらに検非違使庁の下部《しもべ》である放免《ほうめん》も同様であった。『江談抄《こうだんしょう》』という書物に「放免が綾羅錦繍を着るのはなぜか」という問いがあり、それにたいし

安楽坊処刑の場面（『法然上人絵伝』知恩院蔵、『日本絵巻物大成』角川書店より）

て「非人《ひにん》の故、禁忌をはばからないからである」と答えているのである。賀茂祭で放免は「非人のゆえに禁忌をはばからずに綾羅錦繡を着ること」が許されていたことが知られている。なぜかといえば放免も穢の祓い・清めに深くかかわっていたからである。

放免は罪を犯して獄舎に入れられていたのであるが、そこから放免された者で、検非違使庁の看督長《かどのおさ》の手先として活動していた者たちである。彼らは身分的に賤視されているとともに、乱暴狼藉をはたらく者としても有名であった。この放免が穢の「きよめ」に携わっていたことは、『法然上人絵伝《ほうねんしょうにんえでん》』（巻三三）の中の安楽坊《あんらくぼう》の処刑の場面がよく知られている。その『絵伝』には建永二年（一二〇七）に六条河原において法然の弟子である安楽坊が処刑される場面が描かれている。華やかな衣裳をつけた安楽坊処刑の執行人二人がおり、また弓を持った者たちの後ろには、異形な者二人が控えている。その男たちは濃い髭をはやして異様な棒を担いで、衣服ときたら派手な藍摺文《あいずりもん》の衣袴(綾羅錦繡服)といういでたちであった。前の二人は清目《きよめ》であり、後の二人は放免である。これらの男たちは、まさに処刑という穢の場面を清める役割を負っていたのである。異形の放免などは罪穢《ざいえ》や処刑という穢を清め、崇高なものにする任についていたといえよう[丹生谷 一九八六]。

「過差」からバサラへ　死体処理などの穢に携わった人々には周知のごとく清目・らい者・乞食《こつじき》等がいたが、これらの問題は省略するとして、「永長大田楽」の時のような異様な姿態での乱痴気騒動は、すでに述べたように穢をもたらす疫鬼・疫神等の追放を目的としたものであった。このことは疫病の流行をとどめて人々の福をもたらすためには「異形」が必要であったことを示している。中世前期の平安京で繰り広げられる祭礼に集まる人々の中には、衣裳の華麗さゆえに批判を受ける者も存在して取締の対象になるとともに、暴力行為も横行し、田楽をはじめとする異様な芸能が氾濫していた。それは中世の寺社が安穏や「泰平」のために、さまざまな「芸能」を取り込んでいったからである。例の「永長大田楽」も祇園御霊会という祭礼を契機として起こったことはよく知られているところである。

修正会や修二会《しゅにえ》に舞楽・猿楽等の芸能が演じられたことが知られている。天下泰平と五穀豊穣・国家安寧のために、平安中期以後に毎年正月、諸国の国分寺で行なわれた祈禱会が修正会である。京都や奈良の有力寺社の例をみると、最初はその中で舞楽がなされていたのであるが、その後それに呪師が参加するようになっていった。呪師は僧侶のつとめる法呪師と雑芸者の猿楽呪師があり、ことに後者は呪師猿楽と呼ばれており、後戸《うしろど》（浄化の場所で猿楽が演ぜられる後ろの室、ここに後戸の官人が控えていた）の猿楽などと称されたりしている［山路 一九九〇］。この猿楽のことについては後にも述べるが、ここで注目しておきたいことは、彼らはきわめて華麗な衣裳をつけており、放免と同様に、過差（分を越えたもの）な衣裳の着用を許されていたことである。猿楽は「狂物《くるいもの》」として「布《ほ》衣《い》禁制」の対象外であったとされており、放免が違法な衣裳を着用することが許されていたことに通じる側面があった。これは田楽も同様であった。

　そもそも中世の人々は芸能を演ずることを「狂う」と呼んでいるのであり［守屋 一九八五］、『愚管《ぐかん》抄《しょう》』（巻第六）にも、「「故院」（後白河法皇）ハ下﨟《げろう》近ク候テ、世ノ中ノ狂ヒ者ト申テ、ミコ・コウナギ・舞・猿楽ノトモガラ」と、芸能民を「狂い者」と述べている。また田楽法師への豪華な衣裳をプレゼントする様態は『太平記』に詳しく記されている。いずれにしても厳禁されている「綾羅錦繡」が許されている人々が存在していたのであり、彼らの中には邪気を祓い罪穢を消すことを仕事とする人々が含まれており、後に賤視の対象となるような人々であったことが知られる。

　しかし、鎌倉時代にいたると、「使庁放囚絁類《しちょうほうしゅうあしぎぬのたぐい》を著《ちゃく》すべからず、また金銀錦繡などの類を停止すべし」（『鎌倉遺文』五二二六号）というように、放免の衣裳は禁制の対象となっていき、さらに鎌倉後半期には猿楽・田楽法師の衣裳も「猿楽・田楽法師等の綾羅服を停止すべし」と同様に規制されていた。弘長三年（一二六三）八月十三日に発布された公家新制の中に次のような禁制（『鎌倉遺文』八九七七号）をみることができる。

使庁放囚《しちょうほうしゅう》絁類《あしぎぬのたぐい》を著《ちゃく》すべからず、また風流《ふりゅう》・過差《かさ》の制《せい》、当色《とうしき》に同《おな》じ、（中略）猿楽《さるがく》・田楽法《でんがくほっ》師《し》の装束《しょうぞく》の制《せい》、当色に見《み》る所《ところ》（中略）諸社《しょしゃ》の祭《まつり》の供奉人《ぐぶにん》、綾羅錦繡《りょうらきんしゅう》の装束《しょうぞく》、金銀珠玉《きんぎんしゅぎょく》の風流《ふりゅう》、これを停止《ちょうじ》すべし、なかんずく、道祖神已下《どうそじんいげ》、辻《つじ》の祭《まつり》の幣帛《へいはく》の外《ほか》、風流《ふりゅう》・過差《かさ》、飛礫《つぶて》は一向《いっこう》に停止《ちょうじ》に従《したが》へ、

諸社の祭礼における「綾羅錦繡」等の禁止とともに、検非違使庁の放囚（放免）の装束についての禁制、猿楽・田楽法師の装束について「当色」（違法でない衣裳）の指定をするのである。彼らも一般の人々と同様な取り扱いを受けるようになっていったのであるが、その理由は穢に携わる人々にたいする意識が大きく転換していったことにある。すなわち、彼らは賤視の対象となってきているとともに、「穢のきよめ」に携わる集団、すなわち「穢を祓いきよめる」ことを職能とする非人《ひにん》集団が形成されており、「衣裳による異形」の人々を必要としなくなっていたからである。

しかし、一般的には差別の対象となっていた「衣裳による異形」をもてはやす人々が現われてきた。それがバサラである。「物狂」や「狂乱」をトレードマークに活動するのである。これが動乱期文化の柱の一つとなっていく。非人の衣裳がなぜバサラの衣裳になっていくのであろうか。それは反体制・反秩序という意識こそがバサラの核であったからである。

鎌倉時代後半から中世社会は大きな転換期となってきており、社会意識も大きく変化してきていた。身分制が確立されて聖なる天皇を頂点として、身分的には最下層の非人までの浄穢観念で貫かれた社会が出現し、死体処理等の穢除去は狭義の非人である乞食・らい者等の職能となっており、

また疫病の流行の阻止というようなことは密教僧・陰陽師の専門職や雑芸者などの行なうところとなっていた。祭礼、寺社の儀礼などにおいて招福や清よめのために豪華・華麗な衣裳をつけることの意義は低下し、それは権力による秩序維持のための対象物と化した存在となり、それを行なうことは反社会的行為としてのみ見なされる存在に陥っていたのである。

ところがバサラと呼ばれる者たちは、社会秩序に果敢に挑戦する者たちであり、積極的に綾羅錦繡を取り込んでいった。そして彼らはこの反社会的行為＝「物狂」に一つの意義づけをしたのである。それをバサラと位置づけたのである。すでに述べたように婆娑羅は堅い金剛石であるので、すべてのものを打ち砕くこと、すなわちそれで現在の「秩序」を打ち破るという意義づけをバサラの中にしたのである。動乱期に生きた人々の反体制的な行動は『太平記』に詳しく記されている。

「バサラ大名」と呼ばれる人々　平安期から続いた美意識、すなわち「綾羅錦繡」は、わび・さびというような美意識に取って代わられようとしていた。南北朝期のバサラは「綾羅錦繡」の最後の「あだばな」であったといえる。

バサラの源流は平安期から連綿と続いた異形をめぐる社会意識・美意識であったのであるが、この意識が社会の中で広がったり、変化したり、「バサラ大名」が出現するうえで大きな役割を果たしたものがあった。それは悪党(現代的な悪人ではなく、反体制的な人々をも含む)の活動であり、それに伴い悪党的な時代風潮が生まれたことである。悪党については他で扱うことになるが［新井二〇〇三］、詳細はそちらに譲るとして、十三世紀の後半から目立ってきた悪党の姿態の特徴については『峰相記《みねあいき》』の記載が有名である。そこに示されている悪党の風貌は柿帷《かきかたびら》に女性のかぶる六方《ろっぽう》笠《かさ》に烏帽子《えぼし》や袴をつけ、鎧腹《よろいはら》巻《まき》などをしていないという異様な様態であり、『峰相記』は彼らを「異類異形なるありさま」と見なしているのである。悪党のこのような姿はまさにバサラの風俗の登場を示唆するものであるとされ、このような悪党の風俗は次第に「鎧腹巻てりかがやく計り」というような姿となっていき、『建武式目』で禁止している「綾羅錦繍・精好銀剣・風流服飾」の「過差」を好むバサラと同様になってきたというのである。

このような悪党の変化から、バサラと悪党の深い関係を強調する見解もあるが(『日本芸能史』二)、バサラと悪党世界との共通点は存在するにしても、もっと広くバサラ的なもの、異形なるものがこの時代を席巻していたのである。歴史の大きな転換期であることより、ほとんどすべての人がバサラ、異形、「綾羅錦繍」的なものをもって生活していたのであり、決して特別な人間であったわけではない。

バサラ大名といえば、前述したように『太平記』の中に見られるような傍若無人な武将であり、乱暴狼藉をこととし、豪華・華美を好むというイメージが強いが、彼らは他面において当代第一級の文化人でもあり、人間的幅は広かった。「バサラ大名」といえば佐々木導誉が有名であり、前述したとおり、『太平記』はその傍若無人ぶりを口をきわめて批判している。だが導誉は文化人としても高く評価されており、そのような側面を注目する必要がある。佐々木導誉は連歌《れんが》(後で触れる)に力を注いでおり、二条良基《よしもと》によって編纂された『菟玖波集《つくばしゅう》』に、武士の中ではもっとも多くの連歌が収められていることが知られている。彼は武家社会における連歌の中心ではなかったかとされており、さらに田楽・猿楽や茶道等に造詣が深かったことが知られている［森 一九九四］。幕府の有力者で九州探題となる今川了俊《りょうしゅん》も同様な文化人であり、和歌・連歌を学び、禅や儒学にも造詣が深かった［川添 一九六四］。

「綾羅錦繡」「異様な姿態」にたいする人々の意識は複雑な側面を持っていた。鎌倉末期から南北朝期のバサラは「民衆の意識の中に存在する異形と放埒の歴史」を詰め込んだ人々であった。中世の身分制や社会意識が整序されれば、消えていく存在であった。

かつての異形にたいする意識は、鎌倉後半期から南北朝期にかけて大きく転換した。その意識の一つはバサラ的な意識となっていき、もう一方は異類異形を非人と見なして、差別するような意識が形成されていったのである。バサラや異形、「綾羅錦繡」も簡単に割り切れるものではない。

バサラは本来、仏教界の秩序を破壊する魔や鬼などを打ち破り、体制を維持するものであったのであるが、バサラの意味は次第に変化し、むしろ体制に反するものとの意味合いを持つようになり、それを実践するような人々をバサラと呼ぶようになっていった。バサラの意味や、それに対する意識が変化し、異様な姿態・行動をする、放埒な者どものことを示す語句となっていった。このような変化は、平安から南北朝期にかけてさまざまな面でみられる。それはこの時代に社会が大きく転換していったからである。南北朝期にみられるバサラは禁制や差別の対象となった異形と結びついて、社会の秩序等を破壊させるものの象徴となっていったのである。しかし、社会の転換が終息しつつあった南北朝後半期から、このような人々は次第に消えていき、幽玄と「わび・さび」を意識の基本とする時代となっていった。

2　田楽・猿楽と雑芸者

地域社会と寺社の芸能　中央における「綾羅錦繍」、「異形」などによる穢の祓えや疫神追放のための儀礼・様態等は次第に地方に広まっていった。地方の人々が求めていたのも安穏と泰平であったことはいうまでもないことである。これを得るために御霊会を小形化したような祭礼が全国各地に広まっていったのである。

古代から中世の人々は肉体と魂を別々なものと考えていた。身体は霊魂を入れておく器であり、魂はこの容器に自由自在に出たり入ったりできると考えられていた。死とは魂が肉体から離れて神に帰っていくことであるとされ、霊魂が肉体から離脱するのは魂を弱めて離脱させるような穢をこうむったときであり、また疫癘《えきれい》の災難に遭うことで死につながると考えられていたわけであるが、疫癘を流行らすのは疫鬼・悪神の仕業であると考えられていた。

であるから穢に触れたときにはそれを祓う儀礼を行ない、弱った魂をよみがえらせるために陰陽師や密教僧らによって鎮魂や招魂などの祭を行なったのである。さらに疫癘災難を避けるために「永長大田楽」などのように笛や太鼓などではやしたて、大勢が異様な姿で踊り狂い、疫鬼・疫神を遷却・追放することが行なわれたのであった。また御霊会のような形態で読経とともに舞楽等を演じて怨霊を慰撫することがさかんに行なわれた。さらに農耕儀礼や放生会などにも芸能が演じられて、このような神や仏と人々の交流の中から現在地方には多くの郷土芸能といわれるものが残されているのである。宗教的儀礼と芸能・音曲は不可分であったといえる。

鎮魂、招魂の祭から出現したものが神楽であり、田楽や能（猿楽）が各地に残されている。また法会の後に仏を賛じて遊宴や歌舞を行なったのが延年《えんねん》であるが、その歌舞は舞楽から出たものが多かったという。そしてこれに猿楽や田楽が加わり、豊かな郷土芸能が造られていった。このような芸能の発展をみたのは鎌倉後半期から南北朝期が大きな画期であった。ことに寺社の祭礼とかかわって田楽・猿楽・舞楽などを行なう芸能者が多く現われてきて隆盛をみるのである。芸能にかかわる人々は、鎌倉後半～南北朝期頃に「道々の輩」（職人）とも呼ばれており、田楽・猿楽・呪師・傀《く》儡《ぐつ》・師《し》士《し》舞《まい》・白拍子《しらびょうし》・遊君《ゆうくん》などがそのような人々である（『鶴岡放生会職人歌合絵巻』）。そしてさらに非人と呼ばれるような身分の低い、賤視される雑芸者が多く登場してきたのも南北朝時代以後のことである。

諸国の神社の祭礼には田楽や猿楽、白拍子らがその祭礼に参加していることはよく知られているところである。たとえば鎌倉時代末期の成立とされている「住吉太神宮諸神事次第」によれば、五月の御田植祭には呪師・猿楽・田楽座などの多くの芸能座が出動しており、また六月晦日の六月祓いにも猿楽座が参加している。神社の祭礼には必ず神事行列（渡物《わたりもの》という）が催される。この行列は、①神事の中核である神輿・神木・神宝・御幣・神官・祝《はふり》・巫女《みこ》等の行列、②芸能集団、神楽・舞楽・田楽・猿楽・呪師・王舞・獅子等の行列、③競技集団、競馬《くらべうま》・流鏑馬・相撲《すまい》・笠懸等の行列に分類されており、これらが参道を練り歩いた後に、神前で芸能を披露し、競技を行なうのである。まさにこれが神事であり、芸能は神事と切っても切れない関係にあったのである［西岡 一九九四］。

これらの演技を行なう「道々の輩」は、諸国を流浪している者も多かったが、各地に座をつくって寺社権門に属して給田を与えられている者も存在していた。このようなパターン化された神事は中央から地方の有力寺社へ、さらに郷村の寺社に広まっていったのである。それに伴い芸能者も地方に広く分布していった。このような「道々の輩」の中でも、もっとも注目されるのが田楽と猿楽である。

田楽をめぐって　田楽は中世を代表する芸能であるが、南北朝動乱期を境に次第に衰えていき、江戸時代にはほとんど演ぜられなくなったという。しかし、南北朝期はこの芸能の絶頂期であった。この頃の田楽の様子を示すものとして『太平記』から有名な記述をあげておこう。

又其比洛中《またそのころらくちゅう》に田楽《でんがく》を弄 事 昌《もてあそぶことさかん》にして、貴賤《きせん》こぞって是《これ》に着《ちゃく》せり。相模入道此事《さがみにゅうどうこのこと》を聞及《ききおよ》び、新座《しんざ》・本座《ほんざ》の田楽《でんがく》を呼下《よびく》だして、日夜朝暮《にちやちょうぼ》に弄 事他事《もてあそぶことたじ》なし、入興《じゅきょう》の餘《あまり》に、宗《むね》との大名達《だいみょうたち》に田楽法師《ほっし》を一人づゝ預《あずけ》て装束《しょうぞく》を飾《かざ》らせける間、是《これ》は誰《だれ》がし殿《どの》の田楽、彼何《かれはなに》がし殿の田楽なんど云て、金銀珠玉《きんぎんしゅぎょく》を 逞《たくましく》し綾羅錦繡《りょうらきんしゅう》をかざれり。宴《うたげ》に臨《のぞ》で一曲を奏すれば、相模入道を始《はじめ》として一族大名我劣《われおと》らじと直垂《ひたたれ》・大口《おおぐち》を解《ぬい》でなげ出《いだ》す。是を集《あつめ》て積《つむ》に山の如し。其幣《そのつい》へ幾千萬《いくせんまん》と云数《いうかず》を知らず。（中略）何《いず》くより来《きたる》とも知ぬ、新座《しんざ》・本座《ほんざ》の田楽共十余人、忽然《こつぜん》として坐席に列《つらなつ》てぞ舞歌《まいうた》ひける。其興甚尋常《そのきょうはなはだよのつね》に越《こえ》たり。暫有《しばらくあつ》て拍子《はやし》を替《かえ》て歌ふ聲《こえ》を聞けば、「天王寺《てんのうじ》のやうれぼしを見《み》ばや」とぞ拍子《はやし》ける。或官女此聲《あるかんじょこのこえ》を聞《きき》て余《あまり》の面白《おもしろ》さに障子《しょうじ》の隙《ひま》より是《これ》を見るに、新座・本座の田楽共と見えつる者一人も人《ひと》にては無《なか》りけり。或嘴勾《あるいはくちばしかがまつ》て鵄《とび》の如《ごと》くなるものあり、或《あるい》は身《み》に翼在《つばさあり》て其形山伏《そのかたちやまぶし》の如くなるもあり。異類異形《いるいいぎょう》の媚者共《ばけものども》が姿を人に変《へん》じたるにてぞ有《あ》りける（巻第五「相模入道田楽を弄ぶ並びに闘犬の事」）。

田楽法師（『七十一番職人歌合』前田育徳会尊経閣文庫蔵、『日本のこころ 25 別冊太陽』平凡社より）

これは鎌倉幕府最後の得宗《とくそう》である北条高時《たかとき》が京都で流行っていた田楽の新座・本座の田楽法師を鎌倉に呼び、愛玩したことを記述したものである。高時が田楽に夢中になっていたことは金沢貞顕《さだあき》の書状（『金沢文庫文書』）にも記されていることより知られるところであるが、ここで注目されることは田楽法師を「金銀珠玉」や「綾羅錦繡」で飾り立てたことである。ここには平安時代に顕著にみられた田楽による「悪魔払い」的意識はみられず、歓楽・遊興的な舞踊としてのみの田楽とみなされているのである。だがしかし、高時が酔いしれて寝込んだときに怪異が起こったのである。新座・本座の田楽法師どもが忽然としていなくなり、それに代わって翼が生えた嘴が鳶《とび》のごとき異類異形の化け物(天狗の化け物)が踊り狂っていたというのである。

この記述の後に『太平記』は、ある儒学者の言をのせている。それは「天下が乱れんとするときに、妖霊星《ようれいぼし》という悪星が下って災を成すというが、天王寺辺りで天下の動乱が起こり、国家が滅亡してしまうだろう」とのご託宣《たくせん》であった。ここから次のようなことがいえる。

田楽は貴人の愛玩する芸能的地位を築いてきているのであるが、しかし平安期における田楽と異形という関連は、異類異形という化け物というように形を変えており、この段階にいたれば天下動乱を引き起こすような「不吉」なものとしての意識が強いことである。

「二条河原落書《にじょうがわらのらくしょ》」の中に、「此頃都ニハヤルモノ、(中略)犬・田楽は関東ノ亡《ほろ》ブルモノト云ナガラ田楽ハ尚《なお》ハヤルナリ」と述べられており、闘犬や田楽は鎌倉幕府を倒壊させた不吉なものであるが、洛中では大いに流行っているというものであり、前記の『太平記』の文意と相通ずるものである。この時代、異類異形の跳梁は天下を乱すものとの認識が強かったことを指摘しておかなければならない。これはバサラにも通ずる意識である。

田楽と天狗の関係についてもう一つ『太平記』の中から抜き出しておこう。貞和五年(一三四九)六月十一日に、四条河原で勧進田楽が演じられた話である。この田楽は四条の橋を渡すための勧進田楽であったが、ここに貴賤男女が多く押しかけ、公家では摂関・大臣家、門跡《もんぜき》では梶井二品《かじいにほん》法親王、武家は将軍(足利尊氏)をはじめとして数多くの侍、寺社の神官僧侶らが桟敷《さじき》につめかけた。ところが田楽がもっとも盛り上がったその時、「上下二百四十九間、共に将棋倒をするが如く、一度にどうとぞ倒れける。若干《そくばく》の大物ども落重なりける間、打殺さるる者其数を知らず…」(巻二七)というような状況となったのである。『師守記《もろもりき》』同日条には尊氏が見物していたことと、この惨劇の死者を百余人と伝えている。この事故に対して当時の京童《きょうわらわ》は天狗がこの桟敷を倒壊させたと噂し、これを「天狗倒し」と呼んだという(『太平記』巻二七)。

将軍足利尊氏も田楽の熱烈な愛好者であったことが知られており、公家・武家・僧侶・庶民を問わずに田楽がこの当時大流行していたのである[伊藤磯 一九八六]。しかし一部の人々は田楽を不吉なものとみなしていたことは、すでに述べたとおりである。なぜであろうか。さまざまなところで動乱以前の田楽について触れてきたが、ここでもう一度、田楽の歴史を再度確認しておきたい。

『今昔物語集』巻二八に記されている「近江国矢馳郡司堂供養田楽語第七」は、矢馳《やはせ》郡の郡司が舞楽と田楽の違いを知らずに世間から失笑を受けたという説話であるが、そこには田楽と御霊会が深く関係していたことを示す内容が盛り込まれているのである。草創期の田楽がこのような性格を持っていたことより、「永長大田楽」などが疫病の流行を阻止するために、市井《しせい》の中から沸き上がってきたのは当然であるといえる。そしてこの御霊会にかかわる田楽は、ビンササラや太鼓を用い、華麗な花笠や異形のかぶり物を重用していることが特徴である。一方、田楽には田植にかかわるものも成立してきた。この田楽は「田植神事」の一環として催されるものであり農耕儀礼であると位置づけられており、予祝儀礼《よしゅく》であった。『栄華物語』の中にみられる「田植田楽」でも、異様な姿態のものが現われている。この「田植神事」の根本は、天災地変による凶作・飢饉などの阻止を目的とし、豊作を祈るためのものであった。一方、御霊会も疫病のみならず、飢饉などの阻止の目的もあったことよりして、草創期における田楽は、田植田楽も御霊会田楽も、基本的にはその性格は一致していたと思われる。

このような田楽の本来の性格からして、鎌倉時代においても京都・奈良のみでなく、各地の神社・仏閣の御霊会などで田楽がさかんに行なわれたのである。南北朝時代となっても田楽の性格は基本的に変化はなかった。祇園御霊会に田楽が行なわれていたことは多くの史料が示しており、本座・新座の田楽が奉仕していた。このほか、京洛においては、北野天神祭・今熊野社六月会・醍醐寺鎮守長尾社・日吉山王権現・園城寺八幡宮祭・六波羅密寺などの田楽が知られており、奈良においては春日若宮祭・東大寺手掻会《てがいえ》・法隆寺祈雨などで演じられ、そのほか地方の大小寺社が多くの田楽を行なっていたことが知られている。たとえば信濃国諏訪神社では、神事流鏑馬《やぶさめ》や放生会で田楽などが催されている。

南北朝期の田楽は従来通りの神事田楽が全国各地で広く行なわれていたのであるが、一方そのように各地で田楽を演じながらその芸を磨き、広く民衆に「見る楽しみ」を与える田楽、すなわち芸能としての田楽が生まれてきているのである。四条河原で「桟敷倒し」となった勧進田楽がそのようなものである。そしてこの頃、後の猿楽能に大きな影響を与えた田楽の名手も登場してきた。

秦《はたの》(観世)元能《もとよし》が世阿弥の言行を記述した『中楽談義《さるがくだんぎ》』によれば、「一忠《いっちゅう》〈デンガク〉、清次《きよつぐ》法名観《かん》阿《あ》、犬王《いぬおう》法名道阿《どうあ》、亀阿《きあ》是当道の先祖というべし」とあり、世阿弥は当道＝猿楽能の「先祖」(創始者)として一忠・観阿・道阿・亀阿の四名をあげているが、その中で一忠と亀阿は田楽の演者であった。さらに続いて「かの一忠を観阿はわが風体の師なりと申されける也」と述べており、世阿弥の父の観阿弥は田楽師の一忠を自分の師とみなしていたのである。一忠は本座に属し、その芸は「歌舞幽玄《かぶゆうげん》」をきわめたものであったとされている。田楽が猿楽能に近い高い水準の芸能に近づきつつあったことが知られる。

猿楽能の成立　世阿弥は猿楽の本質について、「遊楽《ゆうらく》(猿楽《さるがく》)の道は一切物《いっさいもの》まね也といへ共、中楽《さるがく》とは神楽《かぐら》なれば、舞歌《ぶか》二曲を以て本風《ほんふう》と申《もう》すべし。さて中楽の舞とはいづれを取り立てて申すべきならば、此道の根本なるが故に翁《おきな》の舞《まい》を申すべきか。又、謡《うたい》の根本を申さば、翁の神楽歌《かぐらうた》を申すべきか。」(『中楽談義』)と述べているのである。世阿弥によれば、猿楽は本来「物まね」の芸であったが、「神楽」であるので「舞歌」を中心にするべきであるとし、さらに猿楽の根源は「翁の舞」であり、「翁の神楽歌」であるというのである。

まず猿楽が「神楽」であるというのはどのようなことであろうか。これは神事猿楽のことである。すでに前節で少し触れたが、天下泰平や五穀豊穣を祈願する修正会や修二会などにおいて呪師《じゅし》とともに猿楽等が演じられており、その芸能の根本は魔障《ましょう》、すなわち穢を祓い、吉祥《きっしょう》を生じさせる呪術的なものであった。この猿楽を呪師猿楽、または後戸猿楽などと呼んでいる。呪術を旨とする華麗な衣裳（綾羅錦繡）を着けた呪師と「物まねの芸」によって疫鬼・疫神、怨霊などを慰撫する猿楽が協力して穢を祓うというものであった。これが神事猿楽であり、田楽と同様に猿楽も穢観念と密接に結びついて発達してきたのである。では「翁の舞」とは何であろうか。

「翁の舞」とは翁猿楽であり、現在も演じられている。これは祝寿的《ことほぎ》、除魔的な能であり、呪師芸の系譜を引くものである。猿楽が能として大成する以前の猿楽はきわめて呪術的であったことは、地方に残されている素朴な猿楽座において知ることができ、そこには反閇《へんばい》などという陰陽師が行なった呪術が取り入れられているのである［山路 一九九〇］。なお、『新猿楽記』に見られるような、滑稽な仕草や芸は猿楽の本来の姿でなく、その芸も継承されなかったとされている。

猿楽はこのように神事と深く結びついて発展したのであるが、ことに大和猿楽は興福寺や春日大社、法隆寺などの有力寺社の神事に参加することにより大きく発展した。また洛中・洛外の寺社も祭礼に多くの猿楽者を重用した。このような中央における神事猿楽の発展は当然のこととして、地方の寺社にも影響を与えていったのである。猿楽が地方にも起こり、また進出し、地方の寺社も祭礼には猿楽を演ずるようになっていった。

大和四座以外の猿楽として畿内近辺の有名なものとしては近江猿楽、丹波猿楽、伊勢猿楽、若狭・越前・加賀猿楽などが知られており、また遠国の猿楽も存在していた。近江猿楽は日吉《ひえ》神社とのかかわりが指摘されており、丹波猿楽は丹波・摂津・河内辺りを中心に活躍していた猿楽であり、法勝寺《ほっしょうじ》・法成寺《ほうじょうじ》・住吉社などと深い関係を持っていた。伊勢猿楽は伊勢神宮、越前・若狭猿楽は白山神社とのかかわりが知られている〔能勢一九三七〕。

このような猿楽は国内の有力寺社の祭礼に奉仕してきたのであるが、それだけでなく各国内や近隣諸国をめぐり、中小の寺社の祭礼にも参加していたものと思われる。たとえばこれは法隆寺と関係が深い大和猿楽の例であるが、『嘉元記《かげんき》』の元応三年（一三二一）条をみると、龍田社《たつたしゃ》の前で雨乞いのために田楽・猿楽が演じられたとあり、また同史料の延文四年（一三五九）の記載には常楽寺の市場《いちば》始めの市祭《いちまつり》に猿楽が演技したとある。郷村の小さな寺社でも猿楽が演じられているのである。

田楽も同様であるが、猿楽は座を構成していた。大和猿楽の観世・金剛・金春《こんぱる》・宝生《ほうしょう》の四座がもっとも有名である。座を造っているといっても、彼らは各地を遍歴しながらその芸を磨いていったのであり、権門とも密接な関係を持っていた。彼らの鎌倉後半期の様態を垣間見るものとして、丹波猿楽の活動が知られている。鎌倉後半期の弘安四年（一二八一）閏七月頃の「後戸猿楽長者弥石丸申状」（『鎌倉遺文』一四三七号）によれば、法勝寺座猿楽に属する摂津国河尻寺《かわじりてら》の住人春若丸《はるわかまる》が数十人の悪党らと語らって、法成寺座猿楽の大和国住人石王丸《いしおうまる》を殺害してしまったことより、それに荷担したものをからめ捕った後、法勝寺長者の下人《げにん》に預け置いているから、早くそれを召し出だして重科にされたいとする朝廷への訴え状である。さらにその四・五年前のものと思われる「法成寺猿楽長者亀王丸重申状」（『鎌倉遺文』一三三四九号）には、摂津国住吉社の御田植祭の楽頭職《がくとうしき》らの御田植役をめぐって、法成寺猿楽の長者亀王丸《かめおうまる》と住吉社領内の猿楽者夜叉冠者《やしゃかじゃ》が争っている状況が記されている。また天満宮の祭礼において宇治猿楽がその神事を演じたことにより大和猿楽と抗争になり、宇治猿楽が襲撃されて死傷者がでる騒動が起こっているが、これも鎌倉時代末期のことであった［能勢 一九三七］。現在の我々が持っている能の幽玄《ゆうげん》の世界のイメージとは遠い存在であったことがわかり、広い領域を股にかけ、悪党らと連携するようなダイナミックな活動をしていることが知られよう［網野 一九七四］。

観阿弥と世阿弥　猿楽者は遍歴しながら神前で芸を磨き、大衆に受け入れられるものへと徐々に変化していった。このような中から南北朝初期に大和猿楽結崎《ゆうざき》座から観阿弥が登場してきたのである。彼は建武政権が成立した元弘三年（一三三三）の生まれであると推定されているが、その前半生は史料が少なくて不明な点が多い。室町幕府の三代将軍足利義満の頃からその活動が知られてくるが、この頃には大和猿楽が京洛地方に進出してかなり活動を活発化させており、このような中で観阿弥・世阿弥父子が義満の贔屓《ひいき》を得て貴紳の中で華々しい芸を展開していくのである。

観阿弥作の能「自然居士」
（写真は別冊『太陽』25　平凡社による）

観阿弥は従来の猿楽の芸の中に、当時活躍していた田楽・猿楽などの秀でた人の芸を積極的に取り込み、さらに当時流行っていた優美な曲舞《くせまい》を取り入れて新しい猿楽を創造した。彼の芸風は貴賤・上下誰にでも歓迎される

「衆人の愛敬」をモットーとしたものであった。すなわち高い芸術性と一般の人をも喜ばせる大衆性を兼ね備えた芸風であったといえよう。しかし現実的なリアリティに満ちた「現在能」を演じたのが観阿弥の能の特質であった。たとえば観阿弥の代表作に「自然居士《じねんこじ》」という曲がある。京都東山の雲居寺《うんごじ》に自然居士という説経僧がいたが、東国の人買いに身を売られた少女を取り返そうとして自然居士が活躍するのがこの曲である。この居士は鎌倉後半期に実在した雑芸者であるとされており、人身売買は当時においては日常茶飯事で、実在した人物とシビアな現実を組み合わせたリアルな民衆生活に密着した謡曲であった。

リアルさといえば、少し時代は降るが、世阿弥の子元雅《もとまさ》の作である「弱法師《よろぼし》」も天王寺信仰と身体障害者(彼らも乞食《こつじき》しながら、雑芸《ぞうげい》を行なう者であった)とのかかわりをリアルに見つめた謡曲であり、当時の社会のあり様を我々に示している[伊藤喜 一九九二]。猿楽が大成する以前の猿楽者は各地を流浪・漂白しながら芸を演じていたことより、地方の説話も多く曲の中に取り込まれていることも猿楽能の特質である。

観阿弥は猿楽を演ずる雑芸者がおかれていた立場から現在能の極致を追い求めたのであるが、その中からさらに幽玄の美を追う夢幻能を創出し始め、神事芸能から脱却して貴紳の鑑賞にたえうる芸能へ発展させ、将軍足利義満の愛顧を受けるまでになっていくのである。彼は猿楽を雑芸から転換させるうえで大きな役割を果たしたのである(『芸能史』二)。また、能役者としての力量は世阿弥より一段上ではなかったかの推測もなされている[表章 一九七四]。

観阿弥の後継者である世阿弥はさらに転換を試み、現代まで残る至高の芸術を完成させるのである。世阿弥作の能の中では夢幻能が大きな位置を占めており、また曲の歌舞劇化(舞歌幽玄)を完成させたという点が世阿弥の功績であった。この歌舞劇という芸風は田楽の一忠、父親観阿弥、日吉の犬王から学んだと述べている。このような芸風を確立したことにより将軍をはじめとする公家、有力武士層の貴紳に愛される芸となっていったのである。

彼は周知のように将軍義満の贔屓をうけて寵愛された。応安七年(一三七四)京都今熊野で催された観阿弥を中心とする大和猿楽に義満は足を運んだ。このとき鬼夜叉《おにやしゃ》と呼ばれていた世阿弥の芸に義満は惹かれ、これ以後、貴族社会の芸能として発展していくのである。二条良基も彼を愛で、藤若《ふじわか》という名を贈ったほどであった。義満の寵愛は一方ならず、たえず側に侍らせたということで諸大名は義満に取り入るために、莫大な贈り物をしたという。このような状況を見てある公家は「このような散楽(猿楽)は乞食《こつじき》の所行《しょぎょう》であるにもかかわらず、このような贅沢な贈り物をすることはまったくおかしなばかげたことである」と厳しく批判している(『後愚昧記』)。

世阿弥の晩年は必ずしも幸福なものではなく、また彼の芸風はあまりにも貴族的でありすぎ、大衆の好みから逸脱してしまったとの批判もあるが[北側 一九七二]、夢幻能を完成させ、猿楽能を深化させた功績は大きく、転換期の芸能者として特筆すべき人物であったといえよう。

雑芸者の群像　中世にさかんに行なわれた芸能は、田楽や猿楽だけではなくさまざまな芸能が演じられた。そもそも中世における「芸能」という語は広く「職能」を示す場合が多く、現代の「芸能」よりもかなり広範囲の意味が含まれていたのである。狭い現代的な意味での「芸能」を演ずるのは、雑芸者と呼ばれる身分の低い人々であった。田楽・猿楽を演ずる人々も雑芸者の一団であったので、「猿楽は乞食の所行」とさげすまれたのである。

鎌倉後半期から雑芸者の活動が活発にみられる。すでに述べたように、猿楽者が数十人の悪党と語らって、対立する猿楽者を殺害する事件を起こしたり、襲撃したりしており、雑芸者のダイナミックな活動がみられる。雑芸者は出家して僧形となっているものが多く、もっとも有名なものは平家物語を語り歩いた琵琶法師であるが、彼らは乞食法師とか濫僧《らんそう》と呼ばれており、非人に属する人々であった。

『沙石集《しゃせきしゅう》』の「上人子持たる事」とする項の中で彼らを批判して、「(子供の)くずの捨物《すてもの》を法師になして「乞食ばしもせよかし」とて髪をそり、衣を染めたり、(中略)破戒無慚《はかいむざん》なるを、禿居士《かぶろこじ》とも云、袈裟《けさ》をきたる賊とも云へり」と記しているのである。私に勝手に僧となった者どもを乞食・禿居士・袈裟をきた賊などと、口をきわめてさげすんでいるのである。

さらに鎌倉後半期に成立した『天狗草紙』には「放下《ほうげ》の禅師と号して髪をそらすして烏帽子《えぼし》をき座禅の床を忘れて、南北のちまたにさゝらを摺り、工夫の窓をはいてゝ東西の路に狂言す」と「放下の禅師」＝放下僧の異様な姿態について記し、さらにそこに描かれた絵は異類異形の姿で、乞食法師が右手に「ささら」を持って踊っている姿が描かれているのである。「放下」とは何かといえば、彼らは雑芸者であり、僧形のものが多く、さまざまな軽業や手品を行なう乞食法師とも呼ばれる芸人であった。僧形の乞食雑芸者の活動がこの時代の特徴であり、先に述べた「自然居士」もそのような中の一人であった。この頃は正規に出家した者以外の僧形の者は、一般的には非人と見なされていた。

僧形の乞食雑芸者として知られているものに千秋万歳《せんずまんざい》がある。鎌倉中期の成立である語源辞典である『名語記《めいごき》』に「千秋万歳とて、このごろ正月には、散所《さんじょ》の乞食法師が仙人の装束をまなびて、小松を手にささげて推参して、様々の祝言をいひつゞけて、禄物にあづかるも、このはつ日のいはひなり」と書かれており、千秋万歳とは乞食法師が仙人の装束をつけて、小松を捧げて家々をまわり、「寿《ことほ》ぎ」を述べて門付《かどづけ》を乞う芸能であった〔盛田　一九七四〕。そして彼らは余興として猿楽を演じたりしている。また彼らは散所の乞食法師といわれており、きわめて賤視される存在であった。この千秋万歳は南北朝期を経て室町時代になると、発展して二人で行なうようになり、近世でみられる門付芸人と同じような姿となっていくのである。

観阿弥は当時流行っていた曲舞をとりいれて猿楽を大きく転換していったと述べたが、曲舞も雑芸者である声聞師《しょうもんじ》が舞ったものであるという。この声聞師は金鼓《こんく》（金口）とも呼ばれる雑芸者で、金鼓を打ちながら呪術的な芸能を行なっていたもので、陰陽師らもその中に含まれていた。一般に雑芸能に従事する非人を声聞師と呼ぶようになり、その時期は南北朝期であると推定されている（『部落史用語辞典』）。

中世の雑芸者は公家・武家だけでなく、民衆をも対象にして雑芸を演じながら各地を遍歴していた。彼らは座を結んでおり、室町時代の大和国の声聞師の五か所・十座が有名であり、猿楽・あるき白拍子《しらびょうし》・あるき御子《みこ》・金たたき・鉢たたき・あるき横行《おうこう》・猿飼《さるかい》が「七道《しちどう》」と呼ばれており、彼らは非人に位置づけられて、強く賤視される存在であった（『大乗院寺社雑事記』寛正四年〈一四六三〉十一月二十三日条）。

中世前期において、専門的な技能を持っていた人たちは「道々の輩」と呼ばれており、芸能民もそれぞれの技芸にもとづいて同様に呼ばれていたのであり、畏敬の念でみられる場合も存在しており、非人の中に位置づけられても必ずしもすべてが賤視の対象ではなかった。そもそも芸能とは神事と深くかかわっており、呪術的な技芸を専門とする「職人」とも位置づけられていたのである。であるから上記したような雑芸者（すべてが神事にかかわっていたわけではないが）が中世初期から賤視された存在であったとみなすことはできない。だが鎌倉後半期から南北朝期にいたると、雑芸者の大部分は強烈な差別の対象となり、非人に位置づけられていくのである。その典型的な例が「七道」と呼ばれる雑芸者たちである。それは神事から離れて雑芸で生計をたてることが蔑視されるようになっただけでなく、呪術に携わる人そのものが厳しい賤視にさらされるようになったからである。すなわち穢《けがれ》にかかわる者が非人として最底辺の身分とみなされるようになったことによる。中世身分制の問題についてはここでは詳述できないが、中世の身分制、身分意識が形成されたことがその要因であった。しかし一方では洛中の貴紳に交わり、芸の質を高めていった猿楽能のような芸能者も存在していたのである。南北朝時代は芸能のうえでも大きな転換期であった。

3　連歌会と茶寄合

連歌会の流行　鎌倉後半期から地下《ぢげ》連歌《れんが》や茶寄合《ちゃよりあい》が大いに隆盛してきた。『建武式目』第二条に次のような禁制が載せられている。

一　群飲佚遊《いつゆう》を制せらるべき事

格条のごとくば、厳制ことに重し。あまつさへ好女の色に耽《ふけ》り、博奕の業に及ぶ。このほかまた、或いは茶寄合と号し、或いは連歌会《れんがえ》と称して、莫大の賭《かけ》に及ぶ。その費《ついえ》勝計し難きものか。

この条文も鎌倉幕府の『貞永式目』と比較すると、武家法としてはきわめて異様なものであることが知られよう。すなわち、道徳的・観念的な色彩がきわめて強いものである。その理由は、創立期の室町幕府の政策をリードしたのが足利直義であり、周知のように『建武式目』制定の中心となったのは直義だからである。彼は変革期に対応するような法律を組み立てるという意識はなく、復古的な指向を持っていたことによる。であるからこの条文の最初に、「格条」なるものを引用しているが、それは平安前期にみられる太政官符に「群飲」等の「禁制」がみられるのであり、それを意識していたのである。しかし、かつての法令を念頭においていたといっても、この法令に現実の問題が反映していることはいうまでもないことである。「好女の色」や「博奕」はおくとして、平安時代には決してありえなかった「茶寄合」と「連歌会」なるものが禁制の対象になっているのである。「茶寄合」と「連歌会」が流行して莫大な賭けが行なわれていることを明示しており、これらを禁止しているのである。

「茶寄合」は後で述べるとして、「連歌会」については「二条河原落書」に「京鎌倉ヲコキマゼテ一座ソロハヌエセ連歌、在々所々ノ歌連歌、点者《てんじゃ》ニナラヌ人ゾナキ」と、揶揄《やゆ》しており、京都や鎌倉での連歌の流行が華々しく、それが社会現象であったことを示している。鎌倉における連歌は、二条良基の著した『筑波問答《つくばもんどう》』に「関東にも代々の管領ことに好まれし事なれば、申すに及び侍《はべ》らず」と記されているように幕府の上流武士層の中にかなり広まっていたことを示している。鎌倉後半期に鎌倉を訪れた宮廷女性の二条が書いた『とはずがたり』によれば、鎌倉幕府の実力者である内管領平　頼綱《うちかんれいたいらのよりつな》の子供である飯沼宗綱《いいぬまむねつな》の連歌会に彼女が参加したことが記されており、そこでの頼綱の振る舞いは立派で、京都に劣らないものであったと述べているが、その連歌会には安芸国江田の地頭広沢なるものも同席していて、ともに遊んだことが語られている。地方武士の中にも連歌を楽しむものも多かったことが知られる。

武士と連歌といえば千早《ちはや》城の攻防を記した『太平記』の中の一文が有名である。楠木正成《まさしげ》が立籠った千早城の攻防の中で、城を攻めあぐねた鎌倉幕府軍が連歌等で日を過ごしていたことが『太平記』に記されている。千早城を幕府方は大軍で囲んだのであるが、正成の知略によって攻撃軍の中から多数の死傷者が続出し、勇んで攻撃するものがいなくなった。これを見た幕府方の軍奉行である長崎四郎左衛門尉は「此城を力責《ちからぜめ》にする事は、人の討る、計《ばかり》にて、其功成難《なしがた》し、唯取巻《ただとりまい》て食責《じきぜめ》（兵糧攻め）にせよ」といって戦いを止めたので、「徒然《つれづれ》に皆堪兼《みなたえかね》て、花の下の連歌し共呼下《どもよびくだ》し、一万句の連歌をぞ始めける」と「花の下《もと》」の連歌師を呼んで連歌会を開いたというのである。さらに「軍勢皆軍止《いくさとめ》ければ、慰《なぐさ》む方や無りけん、或は碁・雙六《すごろく》を打て日を過し、或は百服茶《ひゃくふくちゃ》・褒貶《ほうへん》の歌合《うたあわせ》なんどを翫《もてあそん》で夜を明かす」と述べているのである。

このような遊びが合戦の最中に何日にもわたって行なわれたかどうかはかなり疑わしいが、当時流行っていた「遊び（文化）」がこの中に反映されていることは疑いないところである。ところで千早攻めの連歌会に見られる「花の下」の連歌とはどのようなものであろうか。

寺社と地下連歌　連歌は平安時代の公家社会の中で、堂上《どうじょう》連歌として成立してきたのであるが、それが次第に民衆にも享受されるようになり、鎌倉時代中期には地下《じげ》連歌が登場してくる。そしてこの地下連歌は花の下連歌と呼ばれるのである。『筑波問答』によると、「道生《どうせい》・寂忍《じゃくにん》・無生《むしょう》などいひし者の、毘沙門堂・法勝寺《ほっしょうじ》の花の本《もと》にて、よろづの者おほく集めて、春ごとに連歌し侍りし、それより後ぞ、色々に名を得たる地下の好士《くし》もおほくなり侍りし」と、道生らの地下の者たちが春に毘沙門堂や法勝寺の花の下で連歌会を開いていたというのである。この時期は寛元二年（一二四四）から宝治二年（一二四八）のことであったという。この花の下連歌は春に桜の下に地下の好士が集まって催されるものであり、この後に多くの花の下連歌が知られ、それが南北朝期まで続くのである［奥野 一九七五］。

この花の下連歌の行なわれた所は、前出の出雲路の毘沙門堂、白河法勝寺とともに、東山鷲尾《わしお》正法寺《しょうぼうじ》、清水地主権現《きよみずじしゅ》、清閑寺《せいかんじ》などが知られている。このような寺社で開催された花の下連歌は古代の「花鎮祭《はなしずめのまつり》」に通ずる宗教的な意味合いがあったのではないかと見られており、この連歌会は地方にまで広がり、農耕神事の行事であったのではないかとの推測もなされている［岡見 一九五五］。

この連歌会は広く地下の者が参加したのであるが、密かに忍んで参るものもいた。このような身分を秘した連歌会として有名なものは笠着《かさぎ》連歌である。笠着連歌の初見は康永元年（一三四二）である。十仏法師《じゅうぶつほっし》が伊勢神宮神前における連歌会の様子を記したものの中に、「着座十余人、笠着群集せり。その中に垂髪《たれがみ》あひまじはりて、花やかなる句なんどをいだし侍りしかば、老気いよいよまどひやすく、愚案さらにおよびがたし」（『大神宮参詣記』）とあり、さらにその垂髪の少年の付句が満場を感嘆させた後に何処《どこ》かに立ち去ったと述べているのである。ここに見られるように笠着連歌の特徴は、多数の人がその身分を明かさずに、連歌会に参加することができるということである。笠着連歌はもちろん地下連歌の一種であり、地下連歌が衰退して、その後、室町期には法楽《ほうらく》連歌に移行したのであるが、法楽連歌の中心であった北野天満宮においてその後も続けられたことが知られており、さらに九州の太宰府天満宮でこのような連歌が戦前まで続けられていたのである［島津 一九七三］。

連歌会は連歌師の出した最初の発句に対して、集まった者が付句を試み、座をさばく連歌師（宗匠《そうしょう》、点者）はそれに素早く対応して優劣を付け、取捨選択をして返句し、付句と返句を繰り返して連歌会は盛り上がっていったのである。このように優劣を競うことから「莫大な財物」をかける風習がバサラ大名のような連中を中心に広がり、『建武式目』での禁制の対象となったのである。また連歌師は「法師」と呼ばれているような者が多いが、この時代「法師」と呼ばれる人々は必ずしも僧侶ではなく、「道々《みちみち》の輩《ともがら》」が多かった。すなわち、連歌師も職人であり、芸能民であったのである。そして彼らは身分的には広義の非人に属する人たちであったと思われる。

地下連歌は寺社の神前、ことに桜の花の下などにおいて催されるものであり、もともと寺社とかかわりを持っていたのであるが、花の下連歌のような形態の連歌会は次第に神に奉納する連歌に変化していく。この連歌を法楽連歌と呼んでおり、南北朝末期以後この法楽連歌が中心となっていく。京都における法楽連歌の中心は北野天満宮であったが、地方においてはさまざまな寺社が法楽連歌を行なった。この法楽連歌は地域や村落の人々を結集する上で大きな役割を果したのである［奥野 一九七五］。

その代表的な例が大和国の染田《そめだ》天神社における天神講での連歌興行である。この連歌会は南北朝期の貞治三年(一三六四)頃から知られており、この連歌会は十数名の地侍・有力名主らが連衆《れんしゅ》(会衆《えしゅ》)として参加しており、この連歌興行が村落の指導者の結集の場となっているのである。そして連歌が行なわれる天神講の運営は有力者の年預《ねんよ》十人が定められ、そのうちの一人が頭役《とうやく》となり運営にあたっているのである［永島 一九四八］。

伊予国大三島の大山祇《おおやまずみ》神社にも室町時代に法楽連歌がみられる［金子 一九四九］。この連歌興行は河野《こうの》一族を中心に開催されたもので、河野一族はこの連歌興行を通して一族結集を神へ誓ったのである。このような国人による一族結集、一族一揆のための連歌興行は全国各地にあり、一揆結成の上での役割は大きかったといえる。

法楽連歌の興行はどのように行なわれたのか実態は不明な点が多いが、知られているところでは頭役を中心に運営されていた。その頭役は連衆(会衆)が順次勤め、当日の費用と発句を用意したという。そして法楽連歌は神に奉納されることより、そこには荘厳な儀礼が存在したものと思われる。染田天神社における連歌興行を記した染田天神社の縁起には、千句結願《せんぐけちがん》のときに「異香《いこう》これ在り、衆人の渇仰極《かつごうきわ》まりなし」とあり、「神おろし」に通じるような記載があるのである。現在、神前で行なわれる連歌として知られている福岡県行橋市の今井祇園社の奉納連歌(法楽連歌)によると、祭礼と連歌が融合した形態であるが、その連歌は発句を定め、連衆によって一巡の連歌が詠まれ、その後神官によってお祓いがあり、一同が神前に句を朗読奉納すると同時に鉦・太鼓の囃子が鳴りわたるという。これは神を迎える「神おろし」ではないかといわれている［島津 一九七三］。そして祭礼が始まるのである。染田天神社の縁起や現代に伝えられている法楽連歌の様態を勘案すると、神前における法楽連歌の興行はまさに一揆の儀礼に通じるものである。中世において神前で一揆を結ぶ際、異香と「神おろし」などの中で、神水を飲み回して一致団結したということ、すなわち「一《いち》味神水《みしんすい》」はよく知られているところである。

茶寄合をめぐって　前掲した『建武式目』第二条において禁止された「茶寄合」についても触れ

ておこう。「茶寄合」とは、鎌倉末期から南北朝期にかけて流行した「闘茶《とうちゃ》」のことである。この「闘茶」に至るまでの日本の「茶の歴史」は長い。ここで簡単にそれを述べておこう。

喫茶は中国で発展したもので、唐代には団茶法《だんちゃほう》という飲み方であったが、日本にはいつごろ喫茶の風習が入ってきたかといえば、九世紀初頭頃、留学生《るがくしょう》・留学僧等によって唐からもたらされたといわれている。平安時代の喫茶は一部の貴族や僧侶のたしなみていどであったが、鎌倉時代になると、次第に喫茶の風習が広がっていった。栄西《ようざい》が宋社会における喫茶の風習と効用を見聞きしたことを基礎にして、帰朝後に『喫茶養生記』を著したのであるが、表題からも知られるように、「養生」すなわち「治療」の書物として書かれ、茶は末世における養生の仙薬であり、寿命を延ばす妙薬であるとしているのである。鎌倉時代の末期まで、喫茶は禅院の僧侶が中心であったが、武士社会の中にも次第に広まっていった。

喫茶の風習が広まっていったことにより、茶の栽培も多くの地で行なわれるようになり、もっとも良質な茶の産地としては栂尾《とがのお》が第一であり、次に醍醐寺・仁和寺・宇治などが第二の産地とされて、さらに奈良や伊賀、東海、関東にかけて、各地に茶の産地が出現してきたのである［林屋一九五三］。

喫茶が公家・武家・僧侶などの間に普及し、産地の名所が現われてくると、闘茶という遊びが鎌倉末期頃から南北朝期に流行った。闘茶とは、本茶《ほんちゃ》と非茶《ひちゃ》を飲み別けて、判定者がその当否を決する茶会のことであった。本茶とは栂尾の茶のことであり（後には宇治茶）、非茶とはそれ以外の茶のことであった。この勝負は四種十服で飲むことが原則であったが、後には十種二十種に増加していった。さらには一つ一つの茶の産地を当てる闘茶もあった。四種十服の茶勝負は、三種類の非茶を三回、本茶を一回、計十回飲んで飲み別けて、それぞれの茶を当てることである[村井 一九七九]。「飲茶勝負有り、懸物《かけもの》を出さる、茶の同異を知るなり」(『花園天皇日記』元弘三年六月五日)とあるように、茶種の異同を飲み別けて勝負するのが闘茶(飲茶勝負)であり、「勝負」であることより、当然これには賭けがなされている。そしてその後に酒宴がなされるのが一般的であった。このような闘茶を行なっていた人々として有名なのがバサラ大名と呼ばれる一群である。

『太平記』には「都には佐々木佐渡判官入道々誉を始として、在京の大名、衆を結で茶の会を始め、日々寄合活計を尽す」(巻三三)、「其比畠山入道々誓が所に、細川相模守・土岐大膳大夫入道・佐々木佐渡判官入道以下、日々寄合て、此間の辛苦を忘んとて酒宴・茶の会なんどして夜昼遊ける」(巻三五)というように、バサラに耽り、身には五色の綾羅錦繍をまとったバサラ大名が寄り集まって酒宴・茶会が開かれていたことが随所に記されている。バサラ大名の茶会の豪華さについて『太平記』(巻三三)「公家武家栄枯《えいこ》地《ち》を易《かふる》の事」には次のように記されている。

飯後《はんご》に旨酒《ししゅ》(うまい酒)三献《こん》過て、茶の懸物《かけもの》(勝負にかける品物)に百物、百の外に又前引《まえひき》の置物をしけるに、初度《しょど》の頭人《とうにん》(茶会の最初の責任者)は、奥染物《おくそめもの》各百充《ずつ》六十三人が前に積む。第二度の頭人は、色々の小袖十重《とかさね》充《ずつ》置。三番の頭人は、沈《ぢん》(香木の一種)のほた百両宛《ずつ》、麝香《じゃこう》(麝香鹿の臍付近からとれる香)の臍《ほそ》三充副《ずつそえ》て置。四番の頭人は沙金《しゃきん》百両宛金《ずつきん》絲花《しこう》(朱を塗った漆器の一種)の盆に入れ置。五番の頭人は、只今為立《したて》たる鎧《よろい》一縮《しゅく》に、鮫懸《さめかけ》たる白太刀、柄鞘《つかさや》皆金にて打く、みたる刀に、虎の皮の火打袋《ひうちぶくろ》をさげ、一様に是《これ》を引く。以後の頭人廿余人、我《われ》人に勝《すぐ》れんと、様《さま》をかへ数を尽して、山如積重《やまのごとくつみかさ》ぬ。されば其費《そのつい》え幾千万と云事を知らず。

賭けものに内外の珍品を積み重ねて、各人が幾千万ものものを持ち寄った豪華な闘茶であったことが詳細に記されているのである。この文章には誇張があるものと思われるが、当時の闘茶の雰囲気は伝えていると考えられる。このような闘茶はバサラ大名によるものが有名であるが、闘茶は多くの人々の間に広まっていった。「二条河原落書」にも「茶香十炷《ちゃこうじっしゅ》ノ寄合モ」とあり、洛中で人々に愛好されていたことが知られるのである。この闘茶という遊興も寄合という人々の結合がもたらしたものであった。寄合とは当時の人々が心を結び付ける人間的結合の一つであった(『日本芸能史』二)。

4　社会の転換と文化

村落寺社と芸能　中世における文化や芸能が発展するうえで、地方の寺社の役割が大きかったことについては何回も触れてきたが、今一度確認しておこう。鎌倉末期から南北朝期の大和興福寺の門前集落の動向を記述した『嘉元記《かげんき》』という書物があるが、そこには法隆寺をはじめとして龍田《たつた》新宮や聖霊院《しょうりょういん》・西薗院《さいおんいん》などの祭礼の折に行なわれた猿楽・田楽・童舞《どうぶ》・風流・延年等のさまざまな芸能がみられる。たとえば延慶三年(一三一〇)四月二十三日に行なわれた菩薩山堂供養の「童舞(童による舞楽)」では、舞楽の青海波《せいがいは》・長保楽《ちょうぼうらく》・太平楽《たいへいがく》・狛鉾《こまぼこ》・散手《さんじゅ》・貴徳《きとく》・還城楽《げんじょうらく》・抜頭《ばとう》・陵王《りょうおう》・納蘇利《なそり》などの曲が、下長《しもなが》・三井《みい》・広瀬《ひろせ》等の村落の児童によって左方と右方に分かれて演じられているのである。平安期に宮廷世界で発展した舞楽が鎌倉後半期には地方村落の中に入り、村落の人々によって舞われていることに注目しないわけにはいかない。

猿楽についても同様であった。この地域に存在する龍田市《たつたいち》の繁栄のために夷《えびす》神社が造られ、夷《えびす》祭《まつり》が行なわれていたが、その祭礼に猿楽が演じられており、その猿楽は近隣の郷民によってなされていたことが『嘉元記』によって知ることができる。この猿楽は近くに猿楽座があったことより、その影響を受けていたのではないかと推定されているが、猿楽も村落内部に深く浸透していたのである[林屋 一九五三]。さらに、南北朝期には祭礼芸能の費用負担のために、猿楽田や田楽田が定められている例が各地にみられるのである(『日本芸能史』三)。

中世芸能の故郷である中世村落は、この頃どのような状況にあったのであろうか。鎌倉後半期ごろから中世の村落が大きく変化してきたことが知られている。荘園制的な支配が解体しはじめ、その支配の鎖から開放されはじめた農民は、多彩な活動を展開するようになっていった。本来、中世の農民は土地に強く縛りつけられているような存在ではなかった。領主からかかってくる年貢さえ納めていれば、移動の自由が保障されており、逃散《ちょうさん》や一揆も禁じられているわけではなかった。しかし、鎌倉後半期以後になると、広範な小農民が自立してきて、村落の有力者とともに一味同心し、領主に対する年貢減免要求や訴訟といった闘争が多く行なわれるようになっていったが、このような行動が多くなってきたのは、村落内の農民の結束が強化されてきたことによる。一味同心の連署の契状を書いて行動に立ち上がったのであるが、このような村落民が団結する中心となったのは村落内の寺社であった。村落の神社でわき出る神水《しんすい》に起請文を焼いた灰を混ぜてのみ(一味神水ともいう)、一揆などの蜂起にいたるというのがパターンであった(『一揆』一～五)。

しかしこのようなことは常にあることではなかった。日常的には祭礼が村落結合の中心であった。祭礼の中で大きな役割を果したのが芸能であったのである。『嘉元記』にみられるように、さまざまな芸能が村落の中に定着して人々によって演じられたのである。そしてこのような村落の芸能は現代まで続いている。山形県の黒川能などが有名であり、同様な芸能が全国各地に残されている。中世村落の中に育まれた芸能は現代の農村にまで大きな影響を与えている。祭礼と芸能こそが村落民を結集・団結させる核となっていたことを指摘することができよう。

流浪の雑芸者　村落に定住している人々のみが芸能に携わっているわけではなかった。芸能を生活の糧としている人々は、むしろ漂泊・流浪している方が多かった。彼らの芸は雑芸《ぞうげい》と呼ばれており、彼らが行なっていた芸能こそが、日本の伝統的な芸能であり、このような放浪の芸人は鎌倉後半期から南北朝期にかけてことに多くみられるようになってきた。中世という時代は芸能民だけでなく、多くの人々が遍歴しており、鋳物師《いもじ》らの職人集団は全国各地を股にかけて活動していた。だが田楽や猿楽をはじめとして、遊女・白拍子・巫女・陰陽師などの芸能民も職人に劣らず、各地をまわりながら芸を売って生活していた。田楽や猿楽についてはすでに述べたが、猿楽能の曲の中には田舎や遠国の伝承や説話などを題材にしているものが多い。それは猿楽の演者が諸国を遍歴しながら、その土地に伝わる伝承などをうまく猿楽能に取り入れていったことによるのである。世阿弥の子観世元雅が若くして伊勢国で死去しているのも、猿楽者が遍歴していた例といえる。

遍歴・流浪していた芸能者として有名なものは琵琶法師である。琵琶法師はいうまでもなく、琵琶を片手に『平家物語』を津々浦々で語り歩いた盲目の芸能者である。彼らは「当道座《とうどうざ》」という座を形成しており、鎌倉後半期以後、寺社の門前や宿場などで芸を演じ、家々をまわりながら門付けして生活をし、以後の日本文化に大きな影響を与えたのである。

中世には身体に障害を持つ人々を主人公とした文芸が多くみられる。ことに謡曲や説教節《せっきょうぶし》にそれが顕著である。盲目や重病になり、差別され、郷里を追放され、物乞いをしながら流浪するという粗筋《あらすじ》のものがよくみられるのであるが、その主人公こそ雑芸者その人であった。彼らは賤視を受けながら生活の糧を得るために遍歴していたのである。彼らは定住はしていなかったが、主として居住し生活していたのは河原や津、坂などであった。

バサラにかかわって、「綾羅錦繡」に身を包んだ人々について注目し、彼らは異形とみなされていたこと、さらに穢のキヨメに携わる人々であったことについてはすでに触れた。そして彼らは非人と見なされていたことについてもみてきた。雑芸者も非人と見なされているように、非人と呼ばれる人々はさまざまであった。非人とは中世のさまざまな被差別民の総称である。その中には乞食《こつじき》やきよめ以外にも散所《さんじょ》・河原者《かわらもの》・庭者《にわのもの》・下層芸能民・らい者等、さまざまな人々がふくまれていた。

中世の人々が賤視するような職業に携わって生活の糧を得ていた人々が非人であった。下層芸能民とはどのような人々かといえば、田楽や猿楽はいうまでもなく、千秋万歳、くぐつ・声聞師《しょうもんじ》・松囃子《まつばやし》・陰陽師・曲舞・放下《ほうか》と呼ばれるような人々であった。彼らこそが中世文化を担った主役であったのである〔盛田 一九七四〕。

「コキマゼ」の文化現象　日本の文化や日本人の社会意識の側面からみてみると、鎌倉後半期から南北朝動乱時代にかけては大きな転換期であったことが指摘されている。この時代以降に形成された文化や社会意識が現代日本のそれらの基礎となっているとされている。なぜそのようなことが起こってきたのであろうか。それは人々の意識や行動が中世初期以来、次第に変化してきていたのであるが、この時代に転換が最終的に確定したからであるという。その転換とは、この時代に社会意識や民衆生活・文化的な側面からいえば、呪術性の希薄化にともなうリアルな認識が形成され、強固な身分制の確立による差別の固定化が進み、私有などが本格的に展開して定住する人々の優位が確定したことである。

その転換の最終場面でどのような文化現象が起こっていたのであろうか。特徴的なことは、さまざまな側面で混合、すなわち「コキマゼ」現象が招来していたのである。都から鄙へ文化が広範に広まっていったことは「二条河原落書」に「京鎌倉ヲコキマセテ、一座ソロハヌエセ連歌」とあるように、本来は貴族のたしなみであった連歌を例にとってみると、鎌倉でも大いに発展し、鎌倉出身の連歌師が多く活躍しているのである〔金子 一九六五〕。鎌倉だけでなく鎮西の大宰府においても連歌は大いに隆盛していたことが知られている。連歌の項でも述べたように、鎌倉や大宰府というような大都市だけでなく、地方の中小の都市、村落にも浸透していき、『太平記』に記述されているように、「猫も杓子」も連歌に親しむというような状況となったのである。和歌なども次第に地方で詠まれるようになっていった。また舞楽も同様であった。宮廷社会の中でもてはやされたこの芸能は、有力寺社の中で演じられるものとなり、さらに地方の寺社に伝わっていき、祭礼の出し物の一つになっていったのである。

田楽や猿楽も都と鄙《ひな》の文化「交差」（コキマゼ）の産物であった。同じく「二条河原落書」に、「犬田楽ハ関東ノ、ホロフル物ト云ナカラ、田楽ハナヲハヤル也」とあり、地方の各地に田楽が存在していた。鎌倉中期の弘長二年（一二六二）四月一日の日付をもつ陸奥国中尊寺と毛越寺の裁判の判決を示した下知状には、田楽の曲として二一曲があげられている（『鎌倉遺文』八七九一号）。この田楽が南北朝期に都でも貴紳に贔屓されて隆盛したことはすでに述べた。猿楽にいたっては、地方に座をむすび、地方の寺社を活躍の場として芸を演じてきた雑芸者であったのであるが、南北朝動乱期を境に雑芸から高い芸術性を備えた芸術へと転化していくのである。しかしその芸は、農村や寺社によって支えられてきた猿楽の歴史からして、地方の説話などを題材にした曲が多かったものの、猿楽能も都鄙交流の中から成長してきた芸能であるとともに、下層の雑芸が上流社会の芸能となっていくという上下間における文化の「交差」（コキマゼ）でもあった。反対に上流社会の文化であったものが民衆の中に浸透していくという現象は舞楽等でみられるのである［林屋 一九六〇］。

都鄙や上下間の文化の「混交」（コキマゼ）だけでなく僧俗間の生活文化も「混交」した。茶をめぐる文化がそれである。鎌倉時代までの茶にかかわる文化は禅院を中心とするものであったが、中国などとの交易が発展して続々と唐物が流入されてきたことにより、鎌倉後半期頃から鎌倉武士の間に唐物や茶などへの関心が高まっていったのである。鎌倉幕府の有力者金沢貞顕が、鎌倉に下向する六波羅探題であった子の貞将《さだまさ》に宛てた元徳二年（一三三〇）六月十一日付の書状には、「又から《唐》物、茶のはやり候事、なおいよいよまさり候、さやうのぐそく《具足》も御ようい《用意》候べく候」（『鎌倉遺文』三一〇六三号）と記されており、鎌倉へのお土産に唐物や茶の用具等を指示しているのである。

茶の儀礼が武士の間に急速に広まっていき、茶会やその場所が唐物によって飾り立てられ、しつらえられた。唐物という舶来の高級品を仲立ちとする文化は、当然のこととして豪華さを売り物にするようになり、酒が入り、賭けが横行することが必然となっていき、バサラ大名の活躍の場となり、室町幕府の禁制となっていったのである。

東国と畿内・西国の間でも文化の浸透関係が存在した。「二条河原落書」は、洛中が関東の卑しい行為に満ちているとして当時の世相を風刺しているのであるが、南北朝動乱の過程において、軍勢が奥羽から九州にいたる各地を移動しはじめると、東西の文化や社会意識なども次第に融合の方向性をみせたのである。ことに畿内を中心に発達してきた殺生禁断や触穢思想・穢観念などが全国的に広まっていったのもこの時期のことであり、狩猟民文化の傾向が強かった東国でも殺生禁断等が広まっていったことは注目すべきことである。

南北朝動乱期の文化は、社会の転換、社会意識の変化とともに新たな発展を遂げ、質的に変化しながら現代文化の源流をつくっていったが、その過程においてかつての文化や芸能と動乱期の文化との間に価値観の転換が起こったのは必然であった。

〔追記〕　本章は、村井章介編『南北朝の動乱』（日本の時代史10、吉川弘文館、二〇〇三年）に収録されたものである。

参考文献

青木美智男他編『一揆』一～五　東京大学出版会　一九八一
網野善彦『蒙古襲来』日本の歴史10　小学館　一七九四
網野善彦『日本中世の民衆像』岩波書店　一九八〇
網野善彦『中世の非農業民と天皇』岩波書店　一九八四
網野善彦『異形の王権』平凡社　一九八六
新井孝重「悪党と宮たち―下克上と権威憧憬―」『南北朝の動乱』（日本の時代史10）吉川弘文館　二〇〇三
伊藤磯十郎『田楽史の研究』吉川弘文館　一九八六
伊藤喜良『南北朝の動乱』（日本の歴史8）集英社　一九九二
伊藤喜良「抜頭の舞」『日本中世の王権と権威』思文閣出版　一九九三
岡見正雄「もの―出物・物着・花の本連歌―」『国語国文』一九五五年三月
奥野純一『伊勢神宮神官連歌の研究』日本学術振興会　一九七五
表　章「世阿弥と禅竹の伝書」『世阿弥禅竹』日本思想大系24　岩波書店　一九七四
金子金治郎「伊予大三島連歌」『文学探求5』一九四九

金子金治郎『菟玖波集の研究』風間書房　一九六五
川添昭二『今川了俊』吉川弘文館　一九六四
河音能平「ヤスライハナの成立」『中世封建社会の首都と農村』東京大学出版会　一九八四
北側忠彦『世阿弥』中央公論社　一九七二
京都市編『京都の歴史』1　学芸書林　一九七〇
黒田俊雄「中世の身分意識と社会観」『日本の社会史』7　岩波書店　一九八七
芸能史研究会編『日本芸能史』2・3　法政大学出版局　一九八二
佐藤進一『南北朝の動乱』（日本の歴史9）中央公論社　一九六五
柴田実編『御霊信仰』（民衆宗教史叢書5）雄山閣　一九七三
島津忠夫『連歌の研究』角川書店　一九七三
永島福太郎『中世文芸の源流』河原書店　一九四八
丹生谷哲一『検非違使』平凡社　一九八六
西岡芳文「田楽―その起源と機能を探る―」『中世を考える　職人と芸能』吉川弘文館　一九九四
能勢朝次『能楽源流考』岩波書店　一九三七
林屋辰三郎『中世文化の基調』東京大学出版会　一九五三
林屋辰三郎『中世芸能史の研究』岩波書店　一九六〇
村井康彦『日本文化小史』角川書店　一九七九
森　茂暁『佐々木導誉』吉川弘文館　一九九四
盛田嘉徳『中世賤民と雑芸能の研究』雄山閣出版　一九七四
守屋　毅『中世芸能の幻像』淡交社　一九八五
山路興造『翁の座』平凡社　一九九〇
若林晴子「中世における慈恵大師信仰」『芸能の中世』吉川弘文館　二〇〇〇

2章　太平記の歴史観——因果業報と異類異形のなせるわざ——

はじめに

歴史を研究する上で、文学作品がきわめて有効なことが多い。ことに南北朝動乱の研究と『太平記』は切っても切れない関係にある。とはいえ、本章の柱である『太平記』の内容全部を私は熟知しているわけではない。その理由は、『太平記』という書物は歴史の史料であるが、この史料は文学作品の軍記物でもあるので、私のような歴史研究者は自分の研究や論文に、あるいは大学の講義に使用してはいるものの、つまみ食い的に都合の良いところを引用することが常になっている。

『太平記』の内容すべてを見渡して論じることは、私の過去の研究実態からして大変に難しい。国文学の研究者にはお手のものだろうが、私にとってはなかなか大変なことではある。しかし、苦慮しながらも『太平記』をテキストにして四つのポイントにしぼって考えてみることにしたい。

ポイントの一つは、南北朝時代とはどのような時代であったかである。そして現在、この時代

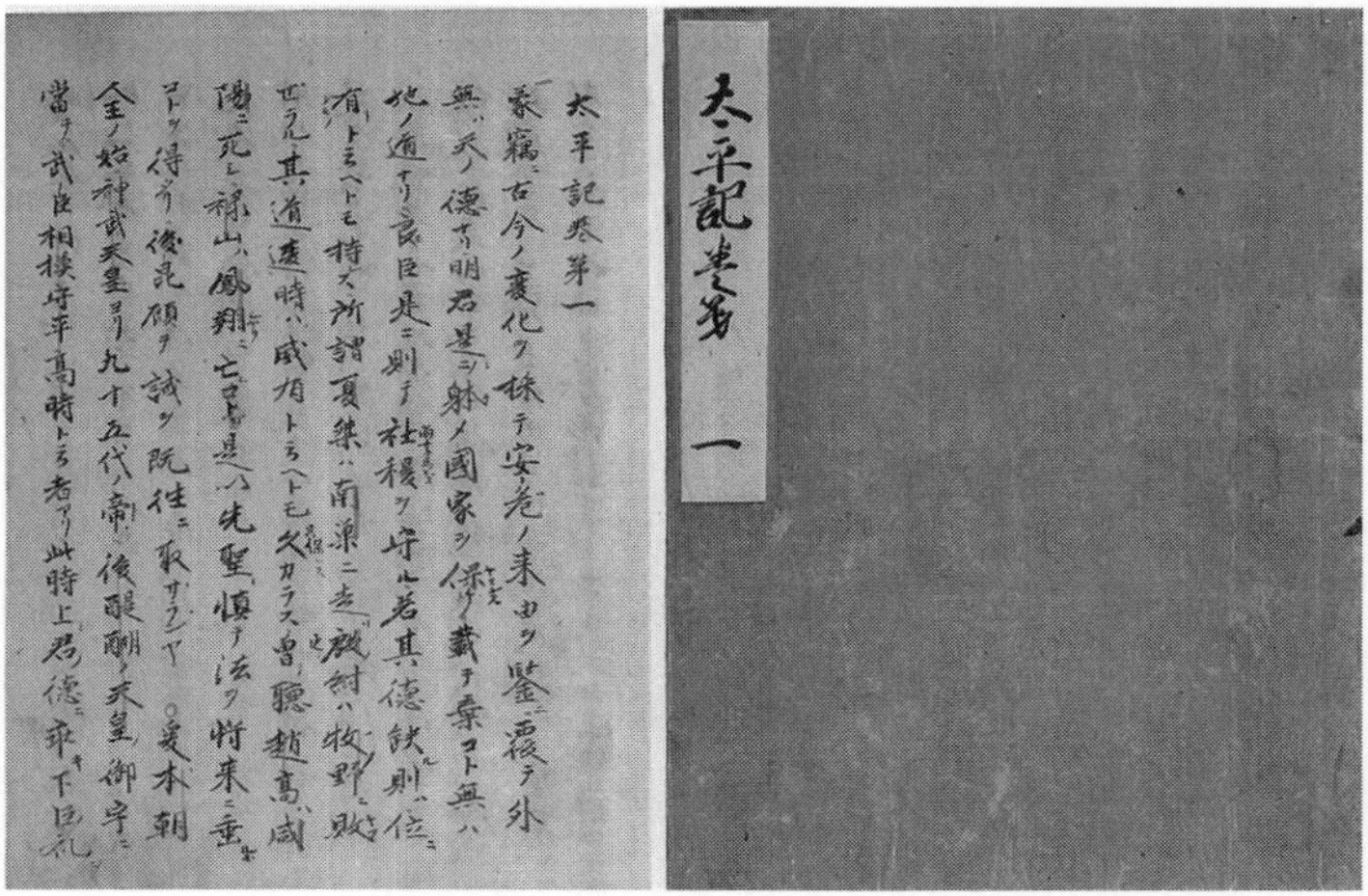

玄玖本『太平記』（前田育徳会尊経閣文庫蔵）
大安寺の僧と思われる玄玖（げんきゅう）なる人物が、天文ころに書写したと推定される（『図説　日本の古典太平記 2』集英社より）

はどのように評価されているかという点にも触れたい。さらにもう一つのポイントは、『太平記』とはどのような中身、内容を持っているのかである。また大河ドラマで放映している『太平記』と文学作品の『太平記』がまったく同じものだと思われるのもよくないので内容を少し述べたい。さらに『太平記』というのは、南北朝時代の人が書いた、その時代の現代史であって、南北朝時代に生きている人々にとっての同時代史、歴史書なのである。それゆえ、歴史書としての視点から『太平記』を考えてみたいと思う。また、『太平記』の第三部（『太平記』の内容上の区分、後に検討する）を中心に出てくる異様なる怨霊や天狗などについて、当時の社会状況と比較しながら少し検討してみることとする。

1　南北朝時代とはいかなる時代か

最初に、南北朝動乱あるいは内乱といわれている時代は、現在からみて、どのような時代であったかという点を述べてみよう。

中世という時代は、かつては鎌倉幕府の成立からといわれていたが、現在の研究からみると、だいたい平安時代の中頃あたりから中世の時代だとみなすようになっている。平安時代の中頃から始まり、戦国時代までが中世という時代であった。その中で、ほぼ真ん中あたりにあるのが南北朝時代である。南北朝動乱は前後六十年といわれているが、私は百年ぐらいの期間、南北朝時代といって良いのではないかとの見解を持っている。百年というのは長すぎるのではないかと考える人もいるかと思われるが、鎌倉後期に出現する悪党が社会を攪乱したりして、いろいろ活動し始めるのが十三世紀末ぐらいからで、動乱が終息する南北朝の合体ぐらいまでがほぼ百年ほどであるので、その期間を南北朝動乱の時代とみて良いのではないかと思っている。

中世という時代に起こった動乱の中で南北朝動乱と比較されるのが治承・寿永の内乱、すなわち源平の争乱である。南北朝動乱と源平の内乱を比較してみると、質も量も時間的長さも、南北朝動乱のほうが各段に長く深く重いといえる。この争いにかかわった人々も、南北朝動乱のほうがずっと多く、規模も全国的である。であるから南北朝動乱というのは源平の争乱より非常に大きな変化を伴っていた。それは量的変化だけでなく、質的変化を伴うものであった。

政治的にいえば、鎌倉幕府の滅亡から建武政権の成立、室町幕府の樹立ということになる。その間に天皇制がたいへん変化していく。天皇制のことは詳しく述べればいろいろあるけれど、ここでは一応の項目としてあげておくにとどめたい。また武士団の中身も大きく転換していったし、農民闘争も激化していったこともあげられる。

経済的にも荘園制が解体して職《しき》が変化していった。畿内の農村の中から惣村《そうそん》と呼ばれる村落が成立し、農民闘争が激化して、一揆の時代といわれる時代になっていった。また、日本と中国との交流が活発だったので、その影響による変化も大きかった。建武政権が成立してくる思想的前提といってもよいが、中国の宋学も日本社会に大きく影響を与えたといえる。このような影響もあって、動乱の時代に人々の考えが大きく変わっていったと指摘できる。

それから、この十年ぐらいに大きく研究が進んだのが、いわゆる社会史とか民衆史といわれている分野であり、身分制あるいは社会意識が南北朝時代の前と後では大きく違っているといわれている。たとえば身分では、平安時代から少しずつ出現してきた身分制が南北朝期にきちっと固まってくる。具体的には非人《ひにん》や河原者《かわらもの》、散所《さんじょ》などといわれる人々の身分の確立である。非人《ひにん》と呼ばれる人たちの行動が研究者の間では非常に重要視されており、それが社会意識の形成や変化に大きな影響を与えたとみられている。極端に考える研究者は、この社会意識の変化などを重視して、南北朝動乱の時代は、日本の歴史を大きく二つに分ける分水嶺であると断言しているのである。

大正時代の初めくらいのことであるが、内藤湖南という歴史家は、応仁の乱以前は現在の日本の人々と違う歴史を持っていて、応仁の乱以前の歴史は研究する必要がないなどと述べている。だが現在では応仁の乱ではなく、少し前にずらして南北朝動乱の前と後では日本の社会がかなり変わってきているとみているのである。あまり変わらないという研究者ももちろんいるが、私などはかなり変わってきていると思っている。ただし、変化したのは南北朝動乱の時期だけでなく、平安時代から徐々に社会が変わっていくのであって、南北朝動乱期にその変化が最終的に固定したということだろうと考えている。

転換していくとみられる時代を『太平記』は描くわけであるが、それは五十年という長期にわたっている。この時代に生きている人、多分複数の人だろうと推定するが、生きている人がその時代を描くわけだから、たいへんな作業であったと考えられる。歴史を研究している人間でも、現代史を叙述することはなかなかたいへんなことである。後で検討したら大きく誤っていたというようなことも常に存在している。

2　『太平記』は何を描いたか

『太平記』は大きく変化、転換していく時代をどのように描いているのかが問題になる。『太平記』は文保二年（一三一八）から貞治六年（一三六七）のほぼ五十年にわたる時代を描写している。『平家物語』の描いている期間とまったく長さが違うのである。『太平記』の分量は全四〇巻という膨大なもので、作者については、小島法師と呼ばれる人であるといわれている。これは当時の公家である洞院公定《とういんきんさだ》が書いた日記に登場する作者名である。公定は小島法師が死んだという記事の中で、彼のことを「天下にもてあそぶ『太平記』の作者なり」と記している。

また、室町幕府の重臣で、九州探題であった今川了俊《りょうしゅん》が書いた『難太平記』という本がある。この『難太平記』が書かれたのは、将軍足利義満《よしみつ》によって了俊が九州探題を辞めさせられた後、死去する少し前の応永九年(一四〇二)のことである。その『難太平記』の中でこの本のことが触れられている。そこには、現在読まれている『太平記』は間違いがたいへんに多いから『難太平記』で訂正する、と書かれている。さらに慧鎮《えちん》という僧侶が足利直義《ただよし》のところに『太平記』を持って行って読ませたら、非常に間違いが多いので、直義は玄恵《げんえ》という僧侶にその誤りを直させたという。このようなことを考慮し、さらに小島法師というのは複数の人物で、天台宗関係の安居院《あぐい》という説経関係の人たち、語り物を得意とするような人たちではないかという説が存在することにより、歴史家は、天台宗系の人々が書いた可能性があるのではと指摘している。

成立はいつかということは、国文学者の研究によってわかっている。およそ応安四年(一三七一)から応安七年(一三七四)ごろまでに書かれたものであろうということになっている。『太平記』の最後のところが貞治六年(一三六七)なので、その後の数年の間に作成されたといわれている。もう少しいえば、書き継がれてきた記述が、応安のころに完結されたということである。

『太平記』の構成は三部に分かれている。第一部・第二部・第三部に分かれているといっても、研究者が決めただけの話であって、『太平記』の作者はそのようには思っていなかったかもしれない。第一部は鎌倉幕府の滅亡までである。第二部は建武政権の成立から、その政権が崩壊して、後《ご》醍醐《だいご》天皇が南山すなわち吉野の山中で死去するまでである。第三部は巻二十三から巻四十までになる。第三部は巻二十三ごろからであるが、これは前と後の二つに分かれている。前半は足利尊氏《たかうじ》の死まで、そして後半は合戦が続く最後までとなる。私は第四部をつくっても良いかもしれないと考えている。

第一部の主要人物は、後醍醐と北条高時《たかとき》、第二部が後醍醐と足利尊氏である。この第一部と第二部は文学作品として一応まとまった形式をとっている。第一部は二人の主要な人物を配置して道徳的規範というものを重視して、物語がたいへんに秩序たっている。第二部も同様な形をとっている。第二部は巻十二から巻二十一までであるが、どのようなわけか巻二十二が欠けている。なぜ欠けているかいろいろ研究されているが、よくわからない。ただ、岩波の古典文学大系に掲載されている流布本には巻二十二が入っている。これは内容を前後の記事から寄せ集めたものである。

第三部は、国文学者にいわせると、非常に焦点が合わず、文学作品としてはできが悪く、退屈な部分ということである。確かに読んでみると、焦点が合っていない。大小の事件をあれこれと取り上げ、何かよくわからない怨霊や天狗などが出てきて、いろいろと跳梁している。有力守護の合戦が延々と続き、それを詳細に描いてもいる。『太平記』は三部であるとされているけれど、記述されている分量は一部、二部を合わせたものと、三部の量がほぼ同じくらいになる。『太平記』は前半のほうが文学作品としてまとまりがあって、後半はとりとめがないような感じがするのは確かであろう。

3　歴史書としての『太平記』

さて、三番目の問題点に入ろう。ここからは『太平記』の内容紹介ではなく、本題である。『太平記』が文学作品ではなく、歴史書としてみた場合、どのようなことがいえるのかを述べてみたいと思う。

『太平記』は南北朝時代に生きた人々によって、自分の生きた時代が描かれているわけであるが、これは希有なことである。平安時代や鎌倉時代を描く軍記物の中で、『平家物語』は承久の乱の前後ぐらいに書かれたようで、治承・寿永の内乱(源平の争乱)が終わってから数十年たってから記されたといわれている。そのほか、『保元物語』や『平治物語』もみな鎌倉時代に書かれている。軍記物の中でも一番古い『将門記』は将門の乱が終わった直後に書かれたという説と、六、七十年後に書かれたという説、さらにその中間ころに記されたという説等々、いろいろと考えられている。いずれにしても、乱や合戦が終わった後にすべて書かれている。

ところが、『太平記』はこれらと異なって、乱の最中に書かれている。足利直義のところに慧鎮が途中の巻三十まで持って行ったとされているが、それを見た直義は間違いが多いから書き直せといったと伝えられている。このことからも動乱中に書かれていたことが知られる。その直義は観応の擾乱で死ぬので、『太平記』が全部成立する少なくとも十数年、二十年ほど以前に直義は『太平記』の一部を見ていることになる。この『太平記』を歴史書としてみた場合、その時代の人が自分たちの時代を描いた同時代史、現代史であるといえる。

南北朝時代に生きていた『太平記』の読者は、自分が見聞きしたことはその南北朝時代の歴史の一部分、断片的なことしか知っていない。それゆえ彼らは『太平記』を読み、その時代の歴史の全体像をみたいという意識になると思われる。そうなると筆者は全体像をうまく描くために誇張したり、多少のフィクションや虚構をおりまぜたりもする。物語的な形で人々を引きつけようとするわけである。

同時代史、現代史の歴史書としてみたとき、次から次に起こってくるさまざまな事件、合戦、あるいは変化といったものを筆者が叙述する場合、どのような視角で叙述するかはきわめて重要である。歴史を書くときには、視角すなわち歴史観、あるいは歴史意識というものをもって叙述しないと支離滅裂になってしまう。簡単にいえば「ものさし」である。どのような形で何を中心に叙述するのかを考え、無数に起こってくるいろいろな事件をある一定の考え方で叙述しようとすること、それが歴史叙述の「ものさし」である。歴史を書く作業においては筆者の歴史観(「ものさし」)が必要となってくる。

『太平記』はどのような叙述をしているかというと、第一部、第二部、第三部ともにそれぞれ叙述の仕方が異なって変化していく。第一部は、後醍醐が鎌倉幕府を滅ぼすまでであるが、その一部を叙述する「ものさし」は最初の「序」のところで「天の徳、地の道」ということを述べており、儒教的な徳、儒教的な価値観(歴史観)をすえている。この天ということについては、その源流にさかのぼれば天命思想に行き着く。王たる者、王権は昊天上帝《こうてんじょうてい》(略して天帝)によって与えられるという思想である。

善政をすれば天が良い「しるし」を与え、悪政、不徳の王だったら、災害や病気という悪いシグナルが下されるという考え方で、これは一種の正当化思想であり、『太平記』の一部の叙述の基礎になっている。そこでは、後醍醐は徳のある王であるが、北条高時は不徳な者であり、「地の道」に反した者であるとしている。「地の道」というのは、家臣としてのあるべき道であるが、高時はその道に反した者として描かれているのである。前半の巻四などでは、王土王民思想が明瞭に表われている。日本全国はすべて天皇、王のものであるという考えである。

最初の部分はこのような意識で『太平記』は作成されたのである。このところの筆者は玄恵、あるいは慧鎮とさきほど述べたが、彼らの思想がここに表われているわけである。玄恵という人物は宋学の学者で、天台の学僧である。後醍醐の侍読《じどく》といって、家庭教師のような存在であった。巻一に討幕を企てたという有名な「無礼講」の記述がある。その「無礼講」に出てきて講義をしているのが玄恵である。日野資朝《すけとも》や俊基《としもと》などとも親交があった。建武式目の制定にも関与しているといわれている。宋学は、後醍醐天皇が樹立した建武政権にも大きな影響を与えている。

慧鎮は本名を円観《えんかん》という。彼は鎌倉幕府を倒すために加持祈禱などの調伏《ちょうぶく》を盛んに行ない、鎌倉幕府に捕らわれて陸奥に流されたといわれている。さきほども述べた小島法師も天台関係者なので、『太平記』に最初に携わった人は、どうやら宋学関係者のようである。宋学というのは周知のように儒教である。したがって、『太平記』はそのような「ものさし」で記述され始めているといえる。その「ものさし」は儒教的歴史観であり、その観点から歴史を叙述している。しかし、「天の徳、地の道」という「ものさし」では、どうしても叙述に破綻をきたしてしまう。

なぜかというと、後醍醐天皇そのものが「不徳」だったからである。『太平記』の筆者によって、後のほうで徳のない天皇であると位置づけられてしまうのである。建武政権は天皇独裁であったため、高師直《もろなお》や佐々木導誉《どうよ》らと同じくらい、従来の秩序をひっくり返してしまうことにより、「不徳の天皇」ということになるわけである。彼の行なった政治は、当時の公家から「物狂《ぶっきょう》の沙汰《さた》」などといわれているように、従来の秩序を衰退させ、政治にも抜本的な大改革を加えていく。後醍醐は徳があり、従来の秩序をしっかり守っていく天皇だと思っていたが、実際、建武政権が行なったことは、「不徳の最たるもの」ということになってしまったわけである。

もう一つの「地の道」について。臣下として後醍醐にもっとも忠勤を励んだ楠木正成という武士は、徳のあるものが勝つという儒教的な本来の考え方からいったならば、尊氏に勝利するはずであったが、湊川《みなとがわ》の戦いであっけなく敗死してしまう。それゆえ徳を中心とする儒教的歴史観だけでは、どうしても歴史を描き切ることはできない。現代からみれば、このことは当たり前のことである。動乱の時代、価値観が大きく転換している時代、社会が大きく変化している時代において、「天の徳、地の道」などという観点から歴史を叙述するほうに無理がある。かつて不徳とみられていたものが、徳とみられ、徳とみられていたものが不徳となる、そのような時代が南北朝動乱の時代であった。

4　因果業報と異類異形

『太平記』はもはや儒教的歴史観では歴史を描き切れなくなり、叙述できなくなる。そこで出てくるのが、仏教的な歴史観である。因果業報《いんがごうほう》といわれる事象が随所に出現する。あまり詳しいことはいえないが、巻二十七の「雲景未来記」、あるいは巻三十五の「北野通夜物語」などで、因果業報観がさかんに展開される。現在、起こっていることはすべて前世の報いだというのである。たとえば、北条高時が後醍醐に滅亡させられるのは、後醍醐に徳があって優れているのではなく、前世の因縁により、北条が滅びる時が来たのだというのである。

では、後醍醐が掌握した政権がそのまま続くかというと続かない事実がある。筆者はそれでなぜ続かないかと問う。そしてその答えが、後醍醐は驕慢《きょうまん》の心が強くて徳がないからであり、民を撫育《ぶいく》しない天皇だと断定する。最初、後醍醐を徳のある天皇と描いていたことと逆の叙述になってしまい、高時にも劣る足利尊氏によって世を奪われてしまったのだと結論づける。そして、その足利も必ずや前世の因果により内紛が起こってきて、足利も滅ぶであろうと見通しをたてるのである。

しかし、このような因果業報観で、目の前で起こって来るいろいろな事件を叙述しようとするのも、また無理がある。従来の秩序の上に乗っている人からみると、動乱の社会というのはまったく不条理で背徳的、不道徳なことがさまざまに起こってくる社会であるとみなすのである。このような動乱の社会であればこそ、私は不道徳(当時の社会からみて)なことを行なった高師直や佐々木導誉、土岐某などは動乱にふさわしい、動乱時代の価値観を持った人間、武将であろうと思っている。けれども、『太平記』の作者からみれば、作者が予期しないような、儒教史観でも仏教史観でも考えられないことが次々と起こって、支離滅裂ともいえるような社会になり、この時代の歴史像を描くことが不可能となってくるわけである。

因果業報観、仏教的な観点からだけで歴史を叙述しようとすれば、せいぜい慈円《じえん》が書いた『愚管《ぐかん》抄《しょう》』的なものにしかならないと思われる。『愚管抄』のような記述を当時の人々が欲しているかといえば、決して欲しているわけがないと考えられる。『太平記』の第三部では不条理な社会を描いているが、その第三部では不可思議なもの、よくわけのわからないものによって歴史が動かされているという歴史観が登場してくる。そのわけのわからないものが、怨霊だとか天狗のような異類異形といわれる連中である。『太平記』の筆者は尊氏、直義、高師直らが抗争したり、死去していくのは異類異形の仕業であるというように、彼らが現われて歴史的事件となるようなさまざまな攪乱工作をするという状況を描くのである。

第三部ではたいへんに多くの怨霊、天狗などの異類異形が活躍するが、『太平記』に出てくる怨霊たちの多くは、後醍醐天皇をはじめとして足利方に敗北して恨みをのんで死んでいった人たちである。そして足利幕府の支配を転覆させるために、この世に異形となって現われてくるという設定である。

楠木正成や大塔宮護良親王《おおとうのみやもりよし》も出てくる。護良親王は、以前は「もりなが親王」といっていたが、現在は「もりよし親王」と呼ぶのが正しいようである。異形となったその護良親王が出現する。親王は長いくちばしを持った天狗になって出てくるのだが、それは足利直義の妻のお腹の中に入って生まれ変わり、尊氏、直義、高師直らの対立・抗争を引き起こさせるような怨霊である。そして楠木正成は七つの頭を持った牛、牛頭《ごず》といい、千頭王鬼という鬼になって現われる。この鬼が大森彦《ひこ》七《しち》(『太平記』は「楠木正成に腹を切らせし者」としている)というものを討つという筋書きである。

このような連中が足利の世を乱すわけである。動乱の時代を一つの歴史観でみられなくなり、叙述できなくなったとき、事実をズラッと並べて、その起こってきた要因を異類異形に求めるという叙述に変じて、異形の者どもが企てたものであるといっているわけである。これはもはや、かつての儒教だとか仏教だとかの歴史観とはほど遠い叙述である。

現実の展開としては、われわれは観応の擾乱までの歴史過程を武家社会の変化から始まったとみなしている。尊氏と直義の二頭政治が初期の幕府政治の基本であり、直義が行政権、尊氏が主従制にたいする支配権というようなものを持っていて、その二人の協調によって政治を行なってきたわけであるが、それが破綻を来してしまって矛盾が起こってきたのである。尊氏と高師直側に畿内の中小武士層、直義方に鎌倉以来の有力豪族層が荷担して大混乱になっていき、最終的には観応の擾乱になっていくのである。幕府内に二頭派の形成という事態が生まれ、擾乱にいたるということなのだが、このような枠組みは現代では知ることができても、『太平記』の筆者はこうした知識を持っているわけではない。政治が支離滅裂となり、幕府内部が大混乱を来した理由を異類異形の企てに求めようとしたのである。

しかし、尊氏の死によって混乱の要因をこの異類異形の行ないで叙述しきれなくなる。尊氏の死去した後の六巻か七巻分は、有力守護の抗争を延々と描くことになっている。最後のほうになると、年代記的・記録的な叙述の形になってきている。天災事変が起これば、この部分にも怨霊が出てくるけれど、軍記物でこれほど異類異形といわれるものが跳梁する物語は珍しい。平安時代の『源氏物語』ほど文学性は高くはないのであるが、『太平記』は怨霊が活躍することが多く、「お化け」の文学といえるかもしれない。

では、異形とは何かである。現在の歴史学においては、さまざまな異形の人々が検討されている。さきほどの天狗だけでなく、さらには悪党も異類異形の代表的なものといわれている。一番典型的な悪党の事例は楠木正成である。あるいはまた狩猟民も、あるいはきらびやかな服装、すなわち綾羅錦繡のような豪華な衣装をまとった人々も異形とみなされている。その異類異形の最たるものが非人といわれる人々である。

人と異形を分けるところはどこかが問題になる。当時の身分制社会では、人は「もとどり」を結い、烏帽子をつけている、これが人の正式な姿である。ところが、異形といわれる人々は、「もとどり」を結わず、烏帽子をつけていない。このような人たちを異形と呼んでいる。非人と呼ばれる人々の発生は、中世身分制の形成の問題と密接に関係しているのである。

平安時代に中世の身分制が形づくられ始めるが、その形成に触穢《しょくえ》思想が大きな影響を与えている。当時は乞食《こつじき》と呼ばれていた人、現在の「こじき」で、そのような人たちが社会の最低辺に存在していて、彼らも非人と呼ばれていた。職業としては、穢の清め、触穢思想に出てくる穢観にかかわる職業、人間や動物の死体を片付けたりする職業、これは触穢思想による穢を清める役目を担った職業である。このような人々が異形であり、非人であった。

当時の人々は穢というものを非常に恐れていた。そのために死体、遺骸、あるいは血に関する事項にかかわり、それを清める人々がどうしても必要であった。しかし、そのような人々は身分が大変に低い存在であった。しかし、このごろの研究によれば、そのような人々はもう一方で特異な力を持っている人たちともみられていたといわれている。非人は異様な力を持つ人々というように、差別と畏怖といった目でみられていた。

『太平記』の筆者は、異様な力を持つこのような異類異形の人たちが歴史を動かすとみなしていたといえる。その異類異形の最たるものの一つが鬼である。たとえば、楠木正成が牛頭天王となって現われる話で、大森彦七が猿楽を演じている時に正成が七つの頭を持った牛に乗って登場し、大森彦七を悩ます。そして自らも鬼となって現われる。

このことにかかわるものがあるかといえば、牛頭天王は京都の祇園社の祭神であるから、この祭神が関係するのではないかと考えられる。祇園社といえば、現在では祇園祭で有名であるが、もとをただせばこの祭は平安時代の御霊会《ごりょうえ》である。当時、政治的に失脚した人たちが流された遠くの地で死去すると、彼らは都に怨霊となって現われる。それを退散させるのが御霊会であって、さらに発展して現在の祇園祭になったわけである。御霊会は疫病や凶作などを退散させる祭で、具体的には、疫鬼・疫神になんとかお引き取りを願うわけだが、その祭の神が牛頭天王なのである。

牛頭天王は悪人に懲罰を与え、疫病などの災いをもたらすが、善人には息災、安穏、寿命延長、五穀豊饒をもたらす神である。それに仕えるのが犬神人《いぬじにん》といわれている人である。当時の絵巻物をみると、犬神人は非常に異形である。牛頭天王に仕えるのが異形の非人ということになる。また犬神人は弓の弦を売るので、「つるめそ」などと呼ばれている。そして葬送にも携わっていた。葬送に携わるということは、死穢すなわち死体の穢を清める役割を果たしていたのである。また彼らは処刑もしていた。さらに警察権も持っていて、京都市中の罪人の住宅を破壊することも行なっていた。このように京都市中において、異様な力をもった非人が犬神人である。祇園社は山門の権力、すなわち延暦寺を背景にして、大きな力を持って活動していたといわれている。

当時、このような異類異形が市内で活動しているが、このような社会的状況が『太平記』に反映していたのではないかと考えられる。だから正成は頭が七つもある牛に乗って自分は鬼となり、異形になって現われて、この世の中を汚している悪い幕府を清めようとしたのである。幕府を清めるというのは、この場合は混乱させることであり、そうすることが一番よいわけであった。正成はもともと悪党であるので、異形の形で出現してくるのである。このような社会意識が『太平記』の第三部にはかなり影響を与えている。

おわりに

さて、そろそろ締めなければならない。本来ならここまでが序論であり、本論は第三部の中で当時の人々が具体的にどのように描かれているのかを触れなければならないが、別の機会にしたいと思う。

『太平記』というのは同時代史であり、当時の人々が見たその時代を描き、社会が大きく転換していく様相を描いている。社会が転換していく事実を一つ一つ描いた場面はよく叙述されており、われわれの研究には大変に有益で、高く評価されている。高師直や佐々木導誉等の行動、また楠木正成の活動などはよく描かれている。しかし、『太平記』筆者の歴史観・世界観から見れば、正成を除く人々の行動は認めがたいのである。彼らを不徳の者として口をきわめて批判することになるわけである。

私から見れば、高師直などは気の毒なほど悪く描かれているが、彼ほど南北朝時代に適応した人物はいないと思われる。それが江戸時代になり、「仮名手本忠臣蔵」で吉良上野介の役回りをさせられて、非常に気の毒な形でさらに悪く描かれるようになる。高師直のような行動は後に形を変えて現われる。足利義満が天皇の「王としての権力」を奪い、天皇の位さえ簒奪しようとしたと指摘されていることがそれで、この件は今谷明氏が『室町の王権』という著書で詳しくのべている。

このように第三部は、動乱の社会の中で暴れまわる者たちをリアルに描いている。『太平記』が一部、二部だけで、後醍醐天皇の一代記みたいな形で叙述されていたならば、あまり面白くはないといえる。第三部の中に当時の人々の動きが赤裸々に語られていて、社会状況も反映されていたりして、第三部があるからこそ、歴史を研究している者にとっては『太平記』を読むことが非常に楽しいことなのである。したがって、私は、第三部がなかったならば、『太平記』の価値は半減してしまうのではないかと考えている。

〔追記〕　本章は、「太平記―歴史と文学の狭間」（地域と大学をむすぶ和光移動大学91）で講演したものである。移動大学の講演テーマは「南北朝時代の歴史と文学」で、一九九一年十月五日、福島県文化センター小ホールで開かれたものである。講演者は永原慶二氏、小林清治氏、荒木繁氏と伊藤の四名で、私以外の三名の方々は当時の中世史研究・国文学研究の重鎮であった。私が福島大学に転勤して、最初の福島県内における講演であり、また『太平記』についてまともに考えようとしたきっかけであったので、あえて掲載することとした。和光大学よりこの講演記録（地域と大学をむすぶ和光移動大学91講演記録『南北朝時代の歴史と文学』）が出版されているが、そこに載せられている文章に多少の修正を試み、区切りを入れて節を設けたりしている。許容されたい。また関係する部分を補うために「補論　因果業報と異類異形により歴史を切る」（新稿）を載せた。なお、講演の話し言葉を文語体に改めているが、論旨に変更はない。

補論　因果業報と異類異形により歴史を切る

――動乱と文学の狭間――

「賢王の真似をした後醍醐天皇」と評価

『太平記』の前半の歴史分析の視角は「天の徳・地の道」という儒教的な価値観に基づいて叙述が展開されていた。このような儒教的な歴史観によって、後醍醐《ごだいご》天皇の評価は鎌倉幕府を滅ぼすまではかなり高かった。しかし、建武政権を樹立したあとの後醍醐の行動等については批判的な立場を取り、「不徳」の天皇とするようになっていった。その理由は、後に「物狂《ぶつきょう》の沙汰《さた》」と呼ばれるような政治を行ない、従来の秩序を解体させる政治の大改革を試みたことについて強く批判したところにあった。このように後醍醐の行動を批判したことにより、儒教的な歴史観は失われていった。

南北朝動乱が引き起こしたものは、新しい権力の構築、新興勢力の勃興、新しい価値観の形成など、さまざまな旧来の秩序を劇的に破壊する事態であった。このようなときに、「徳」という観点から諸事件、歴史をみようとしたところに無理があったのである。かつては「不徳」とされていた行動が是認されて「徳」に変化していき、「徳」とされていた行ないが「不徳」とみなされるような時代となっていったのである。

『太平記』はもはや儒教的な歴史観では叙述できなくなった。そこで登場してくるのが、仏教的な観点である。巻第二十七に有名な「雲景未来記事《うんけいみらいきのこと》」とする一節がある。この節の前の節は「田楽《でんがく》事《のこと》 付長講見物事」があり、貞和五年(一三四九)六月、四条大橋をかけるため勧進《かんじん》田楽が四条河原で興行され、公家、武家の有力者は申すに及ばず、武士、神官、僧侶、地下《ぢげ》の人々がつめかけて盛況であったが、田楽の最中にその桟敷《さじき》が崩壊してたいへん混乱した状況となり、桟敷の崩壊した原因を天狗の仕業としているのである。この田楽桟敷の崩壊のあとの節に「雲景未来記事」が続いているが、その内容を見てみよう。

出羽国羽黒の山伏雲景が同年春のころに一見のために都にあがり、六月二十日に天龍寺に赴いたところ、年が六十ほどの山伏と道連れとなった。雲景はその山伏に伴われて霊地愛宕山《あたごさん》に至ったところ、崇徳《すとく》上皇をはじめとして淡路の廃帝(淳仁《じゅんにん》天皇)、後鳥羽《ごとば》院、後醍醐院らが悪魔王の棟梁となって座しており、そのかたわらには尊雲《そんうん》(護良《もりよし》親王)らの高僧が大魔王となって集まって、天下を乱そうとする評定がなされていたというのである。その情景をみて、雲景はその一座にいた老僧(宿老山伏)に田楽桟敷の崩落や将軍兄弟の不和を問うたのであった。そして雲景は「天下の重事、未来の安否」を問うたのであるが、この問答の中で、「近年武家の世となり、頼朝《よりとも》より高時《たかとき》まで十一代、蠻夷《ばんい》の賤しい身が世の主に成る事は本義ではないが、(中略)高貴清花《こうきせいが》(公卿)も君《きみ》(天皇)も一人《いちのひと》(摂関)もともに力がないので、下輩下賤の士が四海を飲み、天下は武家となったのである。これは必ずしもだれがなしたものではない、因果業報《いんがごうほう》のときが至ったからである」と述べており、さらに「先朝（後醍醐天皇）は高時を追伐せられたが、これは必ずしも後醍醐天皇に聖徳があったからではない。高時に自滅のときが来たからである」と答えている。

さらに雲景は重ねて「先代（高時）が運が尽きて滅びたならば、なんで先朝（後醍醐天皇）は長く御世を納めなかったのであるか」と問うている。これにたいして「先朝（後醍醐）は賢王《けんおう》の行ないをしようとしたのであるが、真実において仁徳《じんとく》や撫育《ぶいく》の配慮や考えは総じてなかった。絶えたるものを継ぎ、廃れたるものを興して、神明仏陀を御帰依あるように見えたが、驕慢《きょうまん》のみあって、実儀《じつぎ》（まごころ）はなかった。賢王の真似をしていたのでしばらくの間そのような理由で、王の役割を行なうことができ、運の傾いた高時を、まさに消えようとするところで滅ぼすことができたのである。しかし先代（高時）を滅亡させたといっても誠の功がなく、聖明の徳もないので、高時に劣る足利に世を奪われたのである」と断言しているのである。

ここに第一部の論調と全く異なる思考と後醍醐にたいする評価となっていることを知ることができよう。第一部の鎌倉幕府の滅亡までは徳のある帝王とたたえた『太平記』は、建武政権が倒れた後になると後醍醐を強く批判する論調になるのである。それは、上述したように、鎌倉幕府が倒れたのは、後醍醐の功績ではないというのである。武家の世（鎌倉幕府の支配）になったのであるが、この幕府の北条義時《よしとき》はよい政治を行ない、徳を施し、国を豊かにして民を苦しめなかったことより、子孫はその前世の因縁により繁栄してきたのである。ところが高時になると、その前世の果報が衰えて、仏神が高時を見捨てたのであり、そのために後醍醐は高時（幕府）を倒すことができたのであるという。ここに前世の因縁を持ち出して、後醍醐の討幕の功績を否定するのである。

後醍醐の欠陥をさまざまに述べているが、基本は前世の因果を持ち出して鎌倉幕府の滅亡をみようとしているのであり、まさに「因果業報」の史観である。また新政権が短期間で滅んだのは、新たに神明仏陀に帰依せず、驕慢で真心がなかったので、足利に権力を奪われたとしているのである。巻二十一において、後醍醐天皇の死去を「玉骨《ぎょくこつ》は縦《たとえ》南山《なんざん》の苔《こけ》に埋《うも》るとも、魂魄《こんぱく》は常に北闕《ほっけつ》の天を望まんと思ふ」と、万感を込めて、「悲しいかな、哀《あわれ》なりし事」と同情的に叙述した『太平記』が、貞和年間にいたれば、きわめて強い批判を仏教的観点から展開しているのである。

第一部において儒教的な歴史観から後醍醐の討幕の行動を称えたのであるが、ここにおいては仏教的な観点を中心に、討幕の業績を否定し、後醍醐の態度を強く批判するのである。このような後醍醐天皇にたいする批判は、公家社会の中で後醍醐を「物狂の沙汰」を行なった天皇との評価の定着と関連するものであろう。

なお、巻三十五内の「北野通夜物語事」において、「倩《つらつら》天下の乱を案ずるに、公家の御咎《おんとが》共《とも》武家の僻事《ひがごと》とも申し難し、只《ただ》因果の感ずるとこそ存じ候へ」、「加様《かよう》の仏説を以て思ふにも、臣君を無《なみ》し、子父を殺すも、今生一世の悪に非ず、武士は衣食に飽満《あきみち》て、公家は餓死《がし》に及事も、皆過去の因果にてこそ候らめ」と、北野の聖廟において遁世者、雲客、法師の三人が物語っている中に見えるのも、前世の因果によって現世が成り立っているという仏教的な歴史観が現われているのである。

異類異形のなせる業

『太平記』はその時代に起こった事実を詳細（誇張されたり、事実誤認があったりするが）に記述することを旨としている。しかしその過程で、旅の僧侶や山伏、遁世者、雲客等が現われて、眼前で起こっていることについて論評するのである。その論評は、事件や事実の由来を筆者（僧侶らは筆者の代理）の観点から断じているといえる。仏教的観点で現世を断罪したところで、それでは叙述されない事件や抗争が至る所で起こってきた。「因果業報」観では事態を切ることができないのである。ことに後醍醐天皇が吉野で死去した後は、後醍醐の不徳や、高時にたいする因果業報ではまったく叙述できなくなったのである。眼前で起こるさまざまな出来事を叙述するためにもう一つの柱を『太平記』はたてるのである。それは怨霊や天狗などを登場させて統一性を保とうとするのである。

動乱の社会の中で生きている筆者は、従来では考えられなかったような事件がさまざまに起こってきたときに、なんとかそれを統一的に描こうとするが、不条理で背徳的な連中が次々に出現して、従来の秩序をぶちこわしていく事態は天狗や怨霊の仕業としか考えられなくなるのである。動乱の時代には不条理で背徳的な者たちが、次の時代を造っていくという価値観を当然のこととして持つことができないのである。

支離滅裂な時代を導いたものを異類異形の連中とみなした筆者は、巻二十五で彼らを登場させて、観応の擾乱が起こってくる原因を論述しているのである。この巻では、最初の節で崇光《すこう》天皇が即位したところから始まっているが、大嘗会《だいじょうえ》の準備中の十月、仙洞御所《せんとうごしょ》に斑《まだら》の犬が二、三歳の童《わらわ》の頭をくわえ込み、南殿《みなみどの》の床に置き、さらにこの殿の棟木にのぼり、西に向かって三度吠えて消えたという。新天皇の即位の時期にこのような不吉な事を起こしたのは妖怪ではないかという。そして次の節で宮方の怨霊が仁和寺の六本杉で会合を開くということになっていく。

　ある僧侶が嵯峨から帰宅する途中に雨にあい、仁和寺の六本杉で雨宿りをしていたとき、奇怪な者たちに遭遇する。それらは宮方の怨霊たちであった。愛宕山の空の彼方から輿に乗った者が六本杉に現われたが、それは先帝後醍醐の外戚である峰の僧正春雅《しゅんが》であり、眼は日月のように光り輝き、くちばしは鳶《とび》のようであり、水晶の数珠を爪繰《つまぐ》っていた。その脇には南都の智教《ちきょう》上人、浄土寺の忠円《ちゅうえん》僧正が左右に着座していた。眼の光は世の常の者ではなく光り輝いており、左右の脇より長い翼が生えているといった異類異形の者たちで、雨宿りの僧は彼らは天狗ではないかと思ったという。

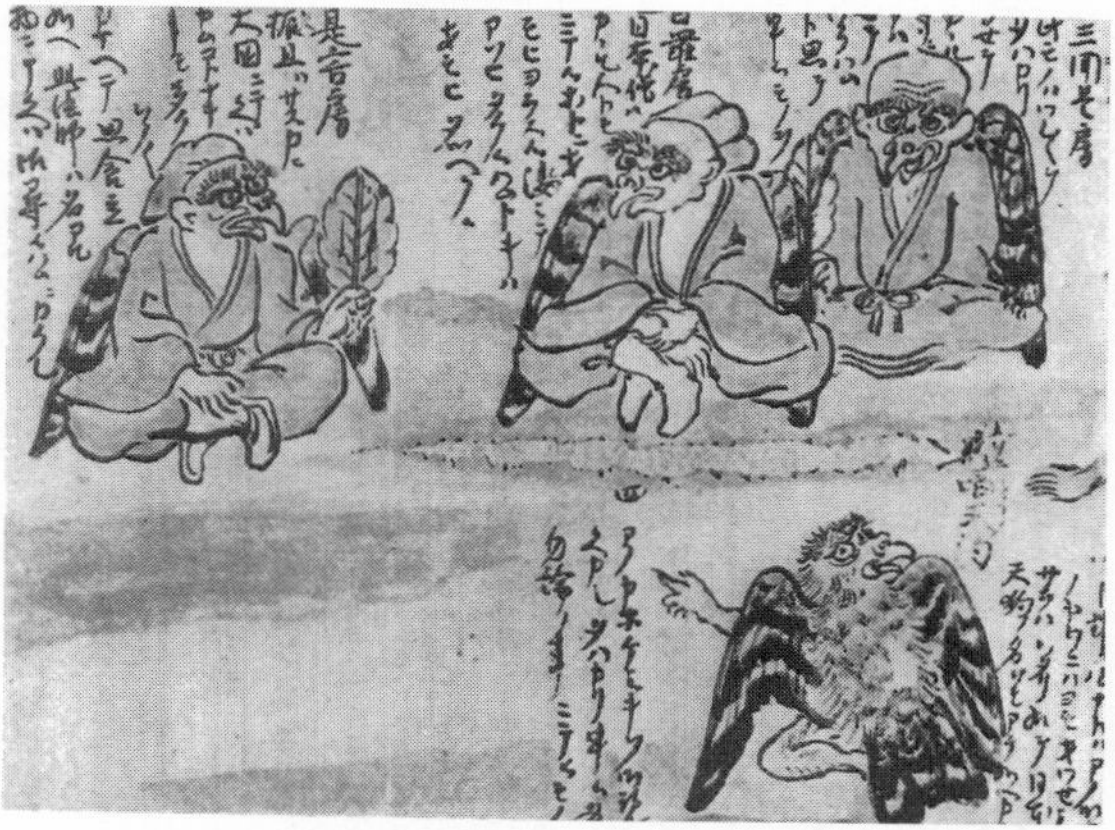

天狗の会合（『是害房絵詞』曼殊院蔵、
『図説　日本の古典太平記 2』集英社より）

　そこにまた空中より牛車《ぎっしゃ》に乗った兵部卿親王（護良、大塔宮）が法体の姿で降りてきたのである。この大塔宮のまわりに集まった異形の者たちは、「この世の中をどうしたら騒動させることができるのか」と話し合いを始めたのである。そこで忠円僧正が「大塔宮が直義の妻のお腹に宿って、男子となって生まれ、峰の僧正が直義の信任をえている夢窓《むそう》の弟子の妙吉《みょうきち》の心にはいって政道を説き、智教上人は上杉重能《しげよし》の心に入れ替わって高師直《こうのもろなお》らを討伐させせよ、自分は高師直・師泰《もろやす》の心に入り込み、上杉らを討つようにすれば、直義兄弟は仲が悪くなり、師直も主従の礼に背くので、天下は大きな合戦となり混乱するであろう」と述べたのである。

この提案に大塔宮以下みんなが「良い案」であると賛同したという。そしてその後、六本杉で異類が評定していたように直義の四〇歳すぎの妻から男児が生まれたことが記されているのである。

さて、巻二十六にいたると、「執事兄弟奢侈《しゃし》事」、「上杉畠山讒二高家一事《こうけをざんすること》 付廉頗《れんぱ》藺相如《りんしょうじょが》事」、「妙吉侍者《みょうきつじしゃ》事 付秦始皇帝事」等の節で、観応の擾乱にいたる端緒が具体的に語られている。この端緒について、「是《これ》ぞ早《はや》仁和寺の六本杉の梢《こずえ》にて、所々の天狗共が又天下を乱さんと様々に計りし事の端《はし》よと覚えける」と断じているのである。その後の巻で、高兄弟と上杉・畠山の対立、高兄弟の敗死、尊氏・直義の抗争などの叙述は詳細である。

観応の擾乱を異類異形のなせる業として、現実の歴史を合理化しようとしたともいえる。『太平記』の筆者は観応の擾乱前後の無秩序、不合理な状況、混乱を一つの考えでは合理化して叙述できなかったし、その要因は何であるかも知ることができなかった。それゆえ擾乱の原因を怨霊や異類の活動に求めたということができる。

3章　非農業民と南北朝時代
――網野善彦氏をめぐって――

はじめに

日本中世史を研究の起点とし、戦後、膨大な研究成果を世に問い、大きな影響を歴史学界のみならず他の人文系の分野に与えたのは、いうまでもなく網野善彦氏であった。その網野氏が死去して一年以上経過した。この間、氏の追悼や学問の評価をめぐって特集が組まれたり、批評が学会誌に載せられたりしている。このような諸論考を熟読すると、網野氏がいかに「巨人」であったか再確認できる。

だが、網野氏の評価をめぐって歴史(日本史)研究者と民俗・思想史・国文学等の研究者との間には少し差があることは歴然としている。たとえば「〈国史〉を越えて網野善彦追悼」の特集(『季刊東北学』第一号、二〇〇四年)は、「歴史と民俗のあいだ―網野史学をどう評価するか―」と題する「座談会」(谷川健一・山折哲雄・赤坂憲雄の各氏による)を開き、「網野史学」について論じているが、そこには歴史学の研究者が一人も入っていないことがその評価の差を示す特徴的なことである。

一般に歴史学界は網野氏に対して「冷たい」といわれていたし、氏自身も「反主流派」といって憚らなかった。前掲の特集においても追悼文を寄せている近代史研究者の色川大吉氏、中世史研究者の峰岸純夫の両氏は「網野史学」批判の論陣をはっているのである。また『歴史学研究』の「批判と反省」において、義江彰夫氏も「網野史学」に暖かい「まなざし」を寄せながらも、その批判は厳しいものがある［義江 二〇〇四］。かつて深い交流があった永原慶二氏が、網野氏が逝去する以前から「網野史学」を強く批判していたことは周知の事実であり［永原 二〇〇三：二二一頁以下］、また保立道久氏も批判的である［保立 二〇〇四：三三〇頁以下］。

このような網野氏の歴史学研究をめぐる評価の状況のなか、歴史科学協議会編集委員会より上記のようなテーマでの原稿依頼を受けた。私には「網野氏の研究」を評価する力はないし、「網野史学」の迫力に圧倒されて、論評を加えるなどということはできないと感じており、また網野氏の業績にたいしてはすでに多くの評価論考がなされているのでお断りしたかったが、テーマが限定されており、南北朝動乱期を研究の対象としているものとして引き受けざるを得なかった。ただ、網野氏の研究はきわめて幅が広く、多方面にわたることより、「南北朝期」に限定してのみ論ずることは不可能であるので、多少テーマからはみ出たり、横道にそれたりすることをお断りしておきたい。

1　「網野史学」の功績

私にとっての「網野史学」との出会いは、大学院修士課程の時で、『講座日本史』3(東京大学出版会、一九七〇年)に掲載された「鎌倉末期の諸矛盾」であった。すでにそこで網野氏は、南北朝動乱を「前近代の民族史を前後に分つ転換期」とみなし、この時期を「未開から文明へ」の移行期と考えられていた。その頃の私は南北朝動乱前後の領主制や荘園制に興味を持ちながらも、東国の権力機関である鎌倉府を修士論文のテーマと考えていたので、氏の指摘がよく理解できなかったし、また違和感を持ったことを覚えている。

網野氏はこれ以前から研究の中に、民衆生活史、社会史的視点を持ち始めていた。「南北朝内乱封建革命説」から決別した氏は、悪党や漁村・漁民等に強い興味を持ち、またアイリーン・パウアの『中世に生きる人々』の影響を受けてなしたという『中世荘園の様相』(塙書房、一九六六年)という著書で、中世社会に生きた人々の生活を描きたかったが、充分ではなかったと述懐しているように[網野二〇〇〇：一五一頁]、かつて大きな影響を受けた松本新八郎氏の民衆への視点を受け継ぎ、歴史学と民俗学の協力を模索しながら「新しい中世史」の創造を始めていた。この当時の日本は高度経済成長期の最中であり、日本社会が大きく変容し始めていた。世界の工場的な国の一つとなり、工業の発展により、農村から都市への人口移動が起こり、都市が隆盛して農村は急速に衰亡していった。そのため学問研究の動向も従来の農村・農民等を対象とした研究から、都市・職人等の研究の方向に移り始めていた。網野氏の研究が、客観的にはこのような日本の動きと無関係なはずはなかった。

この後、一九七〇年代に氏は次々に新しい視点に基づいた研究を発表されていく。それは従来は等閑視されてきた非農業民と天皇のかかわりを中心とするものであり、「中世における天皇支配権の一考察」(『史学雑誌』八一—八、一九七二年)をはじめとするもので(この頃の代表的な論文を収載した著書として、『日本中世の非農業民と天皇』(岩波書店)が一九八四年に発刊されている)、『日本の歴史10　蒙古襲来』(小学館、一九七四年)、『無縁・公界・楽』(平凡社、一九七八年)、『日本中世の民衆像』(岩波書店、一九八〇年)が刊行されて大きな議論を呼び、また鎌倉後期から南北朝動乱期にかかわる論文を多く発表している(その一部が『悪党と海賊』(法政大学出版局、一九九五年)としてまとめられている)。八〇年代に入れば、非農業民論をさらに発展させて、中世の都市論、「非人や遊女」(女性)論、東国・西国論等を精力的に開拓し、世に問い日本の中世史像の再検討を求め、さらには九〇年代以降、独自の「百姓」論とともに、「日本」論を提起し、従来の「日本史」のあり方に多くの側面から疑問を提起したのである。

七〇年代当時の中世史研究は「領主制論」が行き詰まり、また新たに提起された「人民闘争」研究も飛躍的発展を見ない状況であった。このような状況の中、民衆生活に視点を与えて登場してきた網野氏の問題提起(社会史・民衆生活史)は当時の歴史学界にとって刺激的であった(網野氏のみでなく石井進・笠松宏至・勝俣鎮夫氏らも同様な問題意識を持っており、各氏との間に共通認識が存在した)。網野氏は職人・悪党・海賊・海民・非人・女性等、境界的人々についての研究を発展させ、芸能のあり方、さらには当時の慣習や習俗の意義を問い、中世社会やそこに住む人々の生きた姿を炙りだしていった。これ以後、ほかの研究者も民族学や文化人類学、国文学資料等を活用・援用した研究が多く見られるようになり、中世史研究を深く厚みのあるものにしていった。すなわち、当時の人々の意識のさまざまな面に注目し、色・香り・音や視線、さらに子供・老人・性等が研究されるようになり、また一揆などの結集の仕方、作法、衣装等について研究がなされ、一揆研究も「頂点主義(非日常)」の研究から脱却し、人々の日常の生活・意識の中から「闘争」を見ていくという大きな成果をもたらした。さらに民衆生活史研究を発展させる中で新しい史料学が発展していった(たとえば絵巻物の研究を中心とする図像学等)。このような多方面への研究の広がりからして、「網野史学」の「日本中世史」研究への貢献は限りなく大きいといえる。

2　南北朝動乱期をめぐって

「網野史学」の中心をなした南北朝期にかかわる問題に限定して氏の研究をみると、以下のような特徴点を指摘できる。

第一に、「網野史学」の核の一つとなったのは南北朝時代を、民族史的転換とし、「未開から文明へ」、「感性から理性」の時代への転換とする時代区分である。このような日本の歴史を前後にわける分水嶺的時代区分を引き出してきたのは、上記したような非農業民的な人々の行動や社会意識の変化を考察した結果であった。従来までの南北朝動乱の評価は日本封建社会形成の画期、社会構成史上の転換期とする見解と、日本の中世という時代の第二段階であるとする見方に分かれている状況であった。そのような中にまったく新しい時代区分を持ち込んだのである。

とはいえ、氏が最初から従来の「世界史の基本法則」と呼ばれる時代区分を否定したわけではなかった。『無縁・公界・楽』で「(人類史の基本的な筋道である)奴隷制―農奴制―資本制の発展段階と決して矛盾するものではない」と述べていたが、その後、このような「法則」に否定的な見解を示し、社会構成史的次元においては「古代・中世・近世・近代」とするのが最も自然と主張しているものの、社会構成史そのものを否定しているわけではなかった。ただし、網野氏は南北朝期を決して社会構成史上の変革期とは考えず、同時期を社会構成上区分している永原慶二氏を強く批判しているのである。「網野史学」の最大の特徴は「日本史」を民族史的転換と社会構成史区分という二元的な時代区分を用いていることである。

第二点として、この時期に権威構造の大きな転換があったと指摘していることであり、この点が民族史的転換の重要な柱である社会意識の変化に大きな影響を与えたとするものである。「無縁(共同体的所有)」原理の頂点に立ち、「大地と海原」の支配者であった天皇の権威は、南北朝動乱を境にしてその権威が著しく凋落していき、さらに天皇と密接な関係があった南都北嶺等の神仏の権威も低落していったことにより、権威の構造が大きく転換したとするものである。この事態は、これらの権威につながっていた非農業民に大きな影響を及ぼし、「聖」なる職能民・聖俗の境界的な人々（宗教民・芸能民・遊女等）の権威が消滅して、むしろ賤視されるようになっていき、そのもっとも典型的な事例が、「聖」から「賤視」されるようになった非人《ひにん》であったとしている。そしてその理由を、自然と人間との関係（社会のあり方）の転換に求めているのである。この権威構造の転換の問題は、天皇制をどのように見るのかという歴史学上の大テーマに深くかかわりあうものであり、身分制の成立問題として大きな議論を呼んだ。

第三点として、前記の問題と密接に関連するが、「国家と王権」についてである。「日本」を単一民族、単一国家とみなすことへの批判を展開し、中世の「日本」において、西日本と東日本は異なった社会であり、権威の構造も違っているとするのである。このことを前提に、異なった国家である、「西国国家」と「東国国家」が併存していたとしている。当然のこととして、両国家の王権は前者が天皇であり、後者が将軍であるとし、「東国国家」の権威の構造は、西国の天皇を中心とする「聖」なる構造とは違っているというのである。十世紀の「将門の乱」以後の「日本」は「二つの国家」の抗争となるが、殊に鎌倉幕府の滅亡から南北朝動乱は、天皇権威を中心とする「西国国家（非農業民を中心とする国家）」を「東国国家（主従制国家）」が圧倒するとし、最後の古代王権である後醍醐天皇が非人・異類異形等の非農業民を動員して東国に対抗するもかなわなかったとするのであり、「異形の王権」として話題になった（『異形の王権』平凡社、一九八六年）。

第四点として、「資本主義」の源流をこの動乱期以後に求め、これ以後「農本主義」と「重商主義」が対立するという特異な指摘である。この問題は、九〇年代以後に強調するようになったことであるが、網野氏が従来の社会構成史の否定、「進歩史観」の批判へ移行した時期と重なる。十四世紀には、従来の自然と人間との関係(無縁)が、貨幣の大量の流通によって崩壊し、商業・金融・海運等が大いに発展して「市場原理」が成立して「資本主義」の源流が形成されたとする。そのため、商業・金融等に基盤を置く政治勢力(重商主義)と年貢収納を基本とする政治勢力(農本主義)が抗争するというのである。言うまでもないことであるが、前者が非農業民側であり、後醍醐に連なる勢力である(ただし、得宗《とくそう》もこちら側に入れている)。そして、前近代の「日本」社会が農村中心の「農本主義」社会であったとする従来の見解を強く批判するのである。

3　社会と権威構造の転換をめぐって

第一の問題にたいする評価については、多くの研究者が論評しているのでここでは多くを語らないことにする。初期の段階で、禁欲的に問題提起し、社会構成体史と区別されるとする、フランスのアナール学派の影響を受けた「民族史的転換」の指摘は、戦後歴史学の曲がり角においては大いに意義のある提起であった。確かに教条的な「史的唯物論」によって画一化されつつあり、創造性を失いつつあった歴史学界において、一部では強い批判的見解がありながらも、新しい科学的歴史学の創造の旗手たる役割を網野氏は担っていたように見受けられたし、期待もされた。一九八二年度の歴史学研究会総合部会の黒田日出男氏の報告は、戦後史学が築いてきたものを「骨格をむき出しにしたようなもの」（『歴史学研究』五〇四号、一九八二年）と断じ、感覚的・感性的ものを取り入れるべきであるとして、社会史や民衆生活史の問題提起を大いに活かして、報告を豊かなものにしているのである。黒田氏の意図したところは、戦後歴史学の骨格に網野氏等の提起している問題で肉付けしようとしたのであった。すなわち、「人間性を失った」社会構成体史をより豊かなものにしようとしたところにあり、このような方向は多くの研究者の支持するところで、いわゆる「二元的」な時代区分も、「社会構成の転換（表層）」と「言語・社会意識・習俗・心性等の社会の深層の転換」の差異は、変革の「時間差」として、それなりに理解できるものであり、それは「二元的区分」ではなく、基本的に「一元」であったといえるからである。

だが網野氏は「禁欲的」な問題提起から次第に、従来の「社会構成体（奴隷制・農奴制・封建制等）」を批判し、「進歩史観」の否定へと変化していった。網野氏がこのような姿勢に傾いていったのは、環境破壊等による将来の地球や人類等の存続が可能かどうかの危機意識であった。私も現在のような地球に対するルールなき資本主義の破壊的行為に対しては、網野氏に劣らず危機意識を強烈に持っているので、網野氏の姿勢は分からないわけではない。だが、「進歩史観」の否定までいたったことは理解しがたいところである。かつて私は網野氏の「無縁」＝「無所有」を批判したことがあるが［伊藤 一九八五］、網野氏のもっとも根本の「心性」は、「原始共同体」的社会（無縁の社会)を理想としているが故に、破壊され、失われたものを万感の思いで哀惜し、歴史の発展そのものにたいして批判的であり、それを否定しているのではないかと思われることである。

歴史の進歩と称して失われたものを「進歩史観」は切り捨てたとみなした網野氏は、「新しい人類史」の構築を目指していたようであるが、それはほとんど緒にもつかずに氏は死去してしまった。「新しい人類史」の時代区分の骨格は「民族史的転換」を核とし、社会構成を古代・中世・近世・近代として、時代区分を四つにしているようであるが、「民族史的転換」と四時代区分を理論的に統合しようとした実態は不明で、内実のないものとみなされても仕方がない状況であるといえる。というより、網野氏が晩年に書かれた『日本社会の歴史』(岩波書店、一九九七年)等をみれば、学界が戦後営々として明らかにしてきた各時代の「経済社会構成」や「進歩史観」の成果から、離脱・脱却しておらず、ほとんどその枠組みの上に立って叙述されていることは明らかである。

第二についてであるが、歴史の深層の変化とみなす「民族的次元」の転換を南北朝期に求めた理由について、自然と人間の関係が変化し、この動乱を境に「聖(天皇・神仏の権威)」なるものが低落したことにより、社会に決定的な転換をもたらし、このことが非農業民が賤視されるようになったというような点を挙げて、甚大な影響を与えたとしている。すなわちこれは、中村直勝氏の「仏神から人へ、米穀から貨幣へに社会が転換した」〔中村 一九三五：一～六二頁〕という考えに共感を示して述べているのであり、網野氏は「自由・平等・平和」思想である「無縁」原理が解体・衰亡し、天皇の山野河海の支配権が喪失したとみなしているのである。

網野氏のこのような大胆な提言は疑問も多い。まず、南北朝期に転換したとする「権威の構造」について十分に論証されているかどうかが問題である。たしかに動乱期頃を境に「流浪から定住へ」、「呪術の希薄化」等は事実であろう。それが権威構造の転換につながるかどうかは議論があるところである。網野氏によれば、権威は神仏や天皇であり、それらに直属し、奉仕する職人・商工民(供御人《くごにん》・供祭人《くさいにん》等)・芸能民・海民・山民等によって神人《じんにん》・寄人《きにん》・供御人制が確立し、国家や天皇制を支える権威の構造が構成されたという。彼らは神仏や天皇につながることにより、その社会的地位を「聖なる人々」(「聖」とみなされるのは、蔵人所《くろうどどころ》などの朝廷の機関や、寺社に連なっているからであるという)とみなしうるとしているのである。

氏の著書を読めばすぐに知られるように、「聖なる人々」の中には、前記したもの以外に、非人や遊女・白拍子など、「稲作民」を除くほとんどの人々(非農業民)が含まれるのである。その理由は遊女らは朝廷の内教坊《ないきょうぼう》につながるとか、非人は検非違使《けびいし》などの役所と関係あるとか、朝廷に奉仕しているからであるという理由による。しかし網野氏によって、このような人々が「聖なる人々」であると社会的に意識されていた、あるいはそのような地位にあったとする論証は、なされていないことも事実であるし(供御人らはそのようにみられた可能性はあるが)、またそれぞれの「聖なる場」における役割についても明らかにされていない。氏の主観によって「稲作民」以外のほとんどの人々を「聖なる人々」とするのは大いに疑問である。朝廷につながりがあることをもって「聖」の理由とすれば、朝廷に使える「侍《さむらい》(武士)」も「聖」となってしまうだろう。今後、「聖」の概念を厳格にしなければならないだろう。

天皇の山野河海の支配権の議論についても多くの研究者が疑問を呈している。網野氏は「無縁」の原理に基づいて、共同体の本源的権利を吸収して成立してきた天皇の山野河海にかかわる支配権を強調する。そして本源的権利の所有者たる天皇が社会の脈管組織、交通路にたいする支配権を握ったとし、山野河海を生活の場とする非農業民、すなわち個別領主に支配されていない供御人らの非農業民が、天皇から過所《かしょ》を得て天下を自由に往来する「自由交通権」を持っていたという。

全共同体の首長として、全国(全共同体)をイデオロギー的に統治していたということであるが、このような論理もまったく農業民の「無視」によって成り立っている。天皇の支配の基礎は、山野河海を生活の場とする非農業民であり、「自由交通権」を持ち全国を往来する人々を「聖」なる人々(非農業民)としているのである。そもそも「原無縁(原始共同体)」の原理を天皇が本源的権利として吸収し、山野河海の支配者になったなどという牧歌的なことはどこにも証明されていないし、国家の成立についても同様である。

天皇は非農業民を基盤とする山野河海の支配権掌握者であり、非農業民は天皇や神仏に直属・奉仕する「聖なる人々」であるとする「権威の構造」が変化して、非農業民の多くが「聖」から「賤」に転落するという事態(これは民族史的転換の重要な柱)に至ったのは、未開から文明社会となり、神仏や天皇の権威が低落し、それが「賤視」につながったかどうかが重要なポイントであるが、この点もきわめて荒っぽい主張である。

天皇はたしかに法的・政治的な権力は低下したことはいうまでもない。だが観念的権威の低下については議論のあるところであり、身分制等の問題から考えれば、私はそれほど低下したとは思えない。もっとも問題なのは、神仏の権威の低下と賤視の関係についてである。丹生谷哲一氏によれば、仏教的罪報観・穢観が非人身分観の形成に決定的な役割を果たしたとし、この観念が社会に浸透していったのは、十・十一世紀のことであるとしており〔丹生谷 一九八六：一二五頁以下〕、網野氏の考えとまったく正反対である（私も基本的には平安時代に賤視が始まったと考えている）。仏教が社会に浸透したために、すなわち「神仏」の権威の上昇で、平安時代に、「穢れた」もの・「賤」なるものが生れたとするものである。供御人らの一部については網野氏の主張も考えられないことはないが、それをすべてに当てはめて「聖」・「賤」の問題を論ずるのは疑問である。

さらに神仏の権威の低下も、この時期一部（顕密仏教）にはみられるものの、新たな仏教や「神道」の興隆がみられはじめていることも事実である。また、自然と人間との関係の変化については、氏は東南アジアを結ぶ流通のネットワークとして流通の問題に注目して、その中で自然と人間の関係の変化をみ、「権威の構造」の崩壊を論じている。ところが、「聖」が「賤」に転じることについて、社会的分業関係の変化等について検討していないのは、説得力に欠けよう。いずれにしても、「権威の構造」の転換は、興味深い指摘ではあるが再検討が必要と考える。

第三についてであるが、第二で述べたような「権威の構造」が機能したのは畿内を中心とする西国であり、東国ではこのような構造は通用しないとし、東国と西国は異なる国家であり、西国こそが天皇中心の「日本国」であるという。東国と西国の相違を習俗のレベルから始まって、さまざまな面で指摘して東国国家と西国国家の二つの国家(二つの「公」とも呼んでいる)が存在したとしているが、二つの国家とする根本的な理由は、職能民や境界的な人々(非農業民)の存在や取り扱い、社会的地位が東国と西国では違っているからであるとしている。網野氏がこのような主張をするに至ったのは、単一民族・単一国家説への大いなる疑問の存在であった(このことについては異論はない)。そして、佐藤進一氏が提起した中世の二つの国家論[佐藤 一九八三]を踏まえて、社会史的観点から二つの国家論を唱えたものであった。

東国国家論については、私は批判的な見解を持っており、かつてその点を述べたのでここでは触れない[伊藤 一九九九]。国家の存在などを法的・政治的・階級的観点からでなく、社会意識や職能的観点からみることに私は疑問を持っている。将軍を東国国家の王権掌握者とみなした場合に、その権威や「権威の構造」をどのように理解したらいいのであろうか。かつて佐藤進一氏は鎌倉幕府の権力構造について「両主制」論を唱え、鎌倉幕府の観念的権威の確立の一助として、天皇の血筋者を「主」として迎え、頼朝の子孫を将軍にするという「両主」構想の存在したことを指摘した[佐藤 一九七六]。事実、幕府は鎌倉中期以降、それに近い形態となったのであるが、王権にたいする意識や、王権の権威そのものが西国国家とほとんど同じであり、「東国国家の王権と天皇制」とのかかわり一つをとってみても、東国国家の存在には疑問を持つものである(もちろん「公」なる面があったことは否定しない)。

ところで王権の問題で重要なのは、後醍醐天皇の評価についてである。網野氏は後醍醐天皇が創立した王権を「異形の王権」と呼んでいる。後醍醐天皇の王権を古代王権（無縁との関係から）と規定して、その古代王権がこの時期に「天皇職」として、天皇家以外のものに「補任」される可能性が出てきたという危機的状況に陥ったことにより、「異類異形の輩」などを動員して、幕府から王権を奪取し、その安泰をはかったという。後醍醐が権力を奪還できたのは、「異形」の力によるところが大であったとし、みずからも「異形」の形態をして護摩を炊いて祈禱をし、さらに人間のもっとも深奥の自然であるセックスそのものの力をみずからの王権の力にしようとしていたという。ここにみられる「異形」とは非人や悪党、バサラ、海の武装商人というような人々であり、総じて非農業民のことであり、「聖」なる人々のことであった。

後醍醐の王権は「古代的」なものであったのであろうか。私は後醍醐の王権（建武政権）は、早熟な「封建王政」とみなしているので次のような点で網野説に納得できない。古代的な無縁の原理に基づく「権威の構造」の上に乗った王権とみなすことに疑問を持っていること、倒幕に参加した畿内の中小武士層や農民層の役割がほとんど無視されていること、後醍醐の「異形」の姿はチベット仏教の影響によるものであること、古代王権と「重商主義」との関係が明らかではないことなどがその理由である。とはいえ、網野氏の後醍醐天皇に関する指摘はきわめて興味深いものが多い。伊《い》賀兼光《がかねみつ》の動向、立川流文観《もんかん》などと「異類異形」の関係、後醍醐の「異形」、「天皇職」の問題など、評価の結論はともかく多くのものを学ばせていただいた。

4　非農業民と百姓・都市等をめぐって

第四の「資本主義」の源流をこの時期に求めるという問題(もちろん江戸時代も「資本主義」が続いていたことになる)であるが、このような考えに至ったのは、前近代の日本社会が農村中心の「農本主義」社会であったと見みなす従来の見解、すなわち社会構成体を農民中心に考えてきたことにたいする網野氏の強い批判が存在していたからである。南北朝期の「資本主義の源流云々」は、従来の社会構成についての網野氏の批判の「一部を構成しているのみ」であることゆえ、日本の社会が「農本主義」かどうかという大問題とからめて、原稿の枚数が限られたここで論ずることは不可能であるので、「百姓」論や都市などにかかわって、若干コメントすることにとどめたい。

網野氏が「日本は農業社会」である、「百姓」は農民であるという「思い込み」の打破、「稲作一元論」の克服、さらには「海民と日本社会のあり方」を重視する見解を矢継ぎ早に社会に発し始めたのは八〇年代の末ごろからであった。網野氏がこのような見解に至った直接的な契機は、江戸時代の能登国の「時国家《ときくにけ》文書」の解析、新しい「発見」にあったと思われる。この文書の中には「頭振《あたまふり》」とよばれる人々が非常に多く存在しており、彼らは七割が「水呑《みずのみ》百姓」で、残りが三・四反の百姓であり、この地域は貧しい農村とみられてきたが、網野氏の研究によれば、これは間違いであるという。氏によれば、彼らは交易に従事する人々であり、土地が持てないのではなく、土地を持たなくてもよい人たちであるとし、その実態は商人や廻船人などであったという。すなわち、百姓の中には農民以外にもこのような非農業民が存在しており、百姓は農民を意味する言葉ではなかったというのである。

このような解釈から網野氏は、この事実に基づいて、百姓と思われていた人々の中に商人・手工業者も多く存在していたことより、農村とされていたところにも多くの都市が存在したと断定し、江戸時代を含めて各時代、各地域でこの主張を全面的に展開して日本を「重商主義」国家・社会と主張したのである。

たしかに「時国家文書」の中の時国家のような人物は「頭振(水呑)」と位置づけられていても、裕福な廻船人であったことは誤りないであろう。だが、時国家にも田畑関係の文書が多く残されていることは網野氏も指摘しており、農業に携わっていたことは疑いない事実である(三百石保持)。また裕福な廻船人と思われるのは数人であり、ほかの圧倒的な「頭振」についてはどのような人たちであったか、必ずしも明確ではない。このような「頭振」が水夫であったとしても、農業にたずさわっていなかったという論証はどこにもなされていないのであり、また百姓身分の持つ意味について何も語っていないのである。すなわち、百姓の現実の実態の中で、農業との兼業という点がまったく無視されていることと、支配の中の百姓身分についての位置づけに触れられておらず、網野氏がこのように断定することに疑問を覚えるのである。

しかし、網野氏は時国家文書の事例を大胆に各時代、全国に広めていく。たとえば、古代・中世における各地の特産物などの検討から多彩な生業が存在したとし、当時は農業中心の社会ではなく、百姓は非常に多様な職業を持つ人々のことであったと断定したり、また江戸時代もまったく同様であり、経済外強制や土地緊縛という概念に疑問を呈し、「士農工商」という意識は明治になってつくられたとしているのである。

しかし、このように断定することはどうしても無理がある。峰岸氏も述べているように、中世においては年貢・公事負担者が百姓であったし［峰岸 二〇〇四］、また近世においての常識として、石高制に基づき、検地により検地帳に一筆ごとに記されて、確定した年貢負担者が百姓であり、生産物地代(米納)を原則としていたのである。もちろん年貢負担者(百姓)が、実態として多くの商品作物などを生産したり、また職人などを兼ねていたことも事実であるが、このことを理由に彼らを非農業民や都市民とすることはできないであろう。

さて、百姓のかなりの部分が商工人・職人・海民・山人などであるとしたことを前提にし、さらに中世以降における流通経済の発展から、網野氏は日本にかなり多くの都市、都市的な場があったとする。たとえば、「山梨県は「農業県」か」という命題を掲げた氏の分析によると、都留《つる》郡(桂川沿いの山間地)を例にあげて、養蚕を行なっているとか、煙草を作っているとか、「ほた木」を伐って売っているとか、女性は麻布や紬を織っているとかの理由で、都留郡は中世以来、都市的な地域であったとし、「貧しい山村」とするのは払拭すべきであるとするのである［網野 二〇〇〇：二四七頁以下］。このような点を、時代を越え、地域を区別せずに論じており、その極めつけは、江戸時代の享保・天明・天保時代の東北地方の大飢饉についてである。

これらの飢饉で東北に大量の餓死者が出たのは、東北地方が貧しかったからではなく、「都市的な世界が広くひろがっていて、そうした都市的な人口が高い集中度をもっていたがゆえに、不作・凶作がそういう地域に決定的ダメージをあたえたのである」［網野 一九九六：一八一頁］と述べているのである。実証なしにこのような見解を主張することは、従来の研究を無視した我田引水《がでんいんすい》としか言いようがないであろう。

都留郡のような例は、長野県でも当たり前のことであった。私的なことで恐縮だが、私は近世では高遠藩《たかとお》に属する南アルプスの中腹の山村に生れたが、わずかばかりの棚田と畑、広大な山林がその集落の特徴であった。稲作農耕のほかに、養蚕を行ない、煙草の葉を作り、「山仕事」をし、大工や石工などの職人となって生計をたてていた典型的な「貧しい山村」であり、わが家も数反歩の田畑とともに養蚕をし、父親が大工（この集落は甲斐武田氏の大工頭池上氏にかかわっているという）を兼業していた百姓であった。田畑がわずかで主として「山仕事」で生活している家も、百姓で農民であった。また、わが生れ故郷は多くの職人がいたが、決して都市的なものではなく、貧しい貧しい山村であり、県内のいずこの山村も同様であった。山梨県も同じであろう。職人や商人らが村落の中にいるからといって、即都市的というのはあまりにも短絡的である。これは東京人の網野氏（生れは山梨県であるが）の幻想である。

とはいえ、私は網野氏の七〇年代から八〇年代かけての日本の都市研究は高く評価するものであり、都市研究に大きな貢献をしたことは事実である。しかし九〇年代以降の網野氏の都市にたいする言辞について、やや思い付き的な面がなくもないことを危惧するものであり、前述の「南北朝期、資本主義云々」も、網野氏の「百姓」論、都市論の極端な側面が露呈したものといえよう。

おわりに

私は八〇年代に、「網野史学」から大きな影響を受け、天皇制や王権、呪術や社会意識などについて素描を行なってきた。私個人の「好き嫌い」で、網野氏の著作を評価すれば、七〇年代のものを多くあげることができ、特に『蒙古襲来』(小学館)が好きである。南北朝動乱にかかわる古典的名著が佐藤進一『南北朝の動乱』(中央公論社、一九六五年)なら、鎌倉時代後半に関する名著は『蒙古襲来』であろう。

しかし、九〇年代以降の研究になると、「思い付き、断片的」と思われるような点が気掛かりであり、焦っていたようにも見られる。氏は歴史研究の多元化を目指して、幅広く考えていこうとしたようであるが、視点がやや分散的となり、総合化・統合化が不足している点もある。「新しい人類史」の構想を持っていたようであるが、そもそも「農民」を除いた人類史は成り立つであろうか。また「天皇制の歴史を暴き、白日の下にさらす」という網野氏の強い意向は成功したであろうか。この点も志半ばであったようにみられる。さらに人々の活動の能動性にたいする積極的な評価がまったく見られないことも指摘しなければならない。氏は多様なあり方について考えられているが、「変革を考える」という視点は最後まで欠落していた。これは「進歩史観」批判とつながるものである。

批判的な言辞を並べてきたが、十四世紀とはどのような意義を持つ時代であったのかを研究する上で、網野氏によって新しい光が与えられたことは事実であり、この点で氏の業績は大きなものがある。このことを最後に強調しておきたい。

〔補注〕与えられた原稿枚数が限られていることより、参考文献は最低限にとどめた。ご許容を願いたい。

〔追記〕本章は『歴史評論』六六二号(二〇〇五年)の特集／日本中世史研究の現代史が企画されたが、その趣旨は「戦後史」とともに歩んだ日本中世史研究の果たした役割を改めて検証してみたいとして、その中心的担い手であった石母田正・永原慶二・網野善彦・戸田芳実・河音能平の五氏の果たした役割について焦点をあてた。私は網野氏についての検討を依頼され、網野氏の南北朝論・非農業民論に絞って検討したものである。私は網野氏から大きな影響を受けて仕事をしたのであるが、網野氏が戦後歴史学(正統派)を批判的に見始めた頃に、歴史学研究会の委員などに関与して、戦後歴史学の末端に位置していたことより、網野氏の研究についてはやや批判的であった。そのような立場から、南北朝期という狭い範囲から、網野史学を論じたものである。

その後、今谷明氏が網野氏の研究歴を全面的に論じている(「網野善彦はいかに戦後史学を変えたか」『大航海』六五号、新書館、二〇〇八年一月、後に「網野善彦は戦後歴史学とどう対峙したのか」と改題して、『天皇と戦争と歴史科』洋泉社、二〇一二年七月に収載)。今谷氏は網野氏の活動を五期に区分して論じている。その中で、第四期、『蒙古襲来』から『無縁・公界・楽』まで、第五期、『無縁・公界・楽』から『異形の王権』までを注目し、戦後歴史学会の正統派から厳しい批判を受けながらも、網野史学が歴史学に与えた大きな影響について検討されている。

網野氏が去ってから十数年、網野史学を継承すると述べるような民俗学関係者も存在するが、あまり継承しているようにも見られない。「網野史学は遠くになりにけり」というような状況も見られるが、網野氏のエネルギッシュな活動により、多様な論点が提起され、斬新な発想などにより、間違いなく歴史学に新しい地平を開いたものとみなしうる。網野氏が提示した問題をさらに深くきわめていく日が必ず来るのではないかと考えている。

参考文献

網野善彦『続・日本の歴史をよみなおす』筑摩書房　一九九六
網野善彦『「日本」とは何か』講談社　二〇〇〇
網野善彦「〈座談会〉歴史学と民族学」『環』1　藤原書店　二〇〇〇
伊藤喜良「南北朝動乱期の社会と思想」『講座日本歴史』東京大学出版会　一九八五
伊藤喜良「中世国家の特徴と東国・奥羽の支配秩序」『中世国家と東国・奥羽』校倉書房　一九九九
中村直勝「吉野朝史総説」『吉野朝史』星野書店　一九三五
丹生谷哲一『検非違使』平凡社　一九八六
佐藤進一『日本の中世国家』岩波書店　一九八三
佐藤進一「武家政権について」『弘前大学国史研究』六四・六五合併号　一九七六（前掲『日本の中世国家』所収）
永原慶二『20世紀日本の歴史学』吉川弘文館　二〇〇三
保立道久『歴史学をみつめ直す』校倉書房　二〇〇四

峰岸純夫「中世史は変わったか」『季刊東北学』柏書房　二〇〇四
義江彰夫「網野史学の成果と課題」『歴史学研究』七九五号　二〇〇四

4章　親房書簡から動乱をみる——南奥羽と北関東国人の連携——

はじめに

南北朝動乱は一般的にはほぼ六十年続いたとされているが、南朝(宮方)と足利幕府側(武家方)との戦いという側面だけに限ってみれば、動乱開始から十年以内に決着がついた。幕府側が軍事的には圧倒的優位に立ったのである。幕府側が優位を決定づけた最終局面はさまざまにあるが、北畠親房《ちかふさ》が立て籠もっていた常陸の関《せき》・大宝城《だいほうじょう》が陥落し、東国から南朝軍が一掃されたときもその一つの局面であった。

周知のように、このときまでに南朝の盟主である後醍醐《ごだいご》天皇をはじめとして、新田義貞《よしさだ》、北畠顕家《あきいえ》、楠木正成《まさしげ》らが死去したり、戦死してしまったりして、南朝の組織的反撃は九州を除いて不可能になってしまっていた。親房が東国を逃れた後、関東では鎌倉府が次第に組織を整備していき、また奥羽においても奥州管領制が成立した。南朝方としては伊達氏らも存在していたが、組織的な動きとしては、北畠顕信《あきのぶ》が鎮守府将軍として中奥羽から北奥羽にかけてわずかに活動しているのみであったといえる。

ここでは親房の動きと東国で南朝勢力が壊滅していく過程を、親房の行動、北関東と南奥羽の国人の動きを中心として、北畠親房関係の文書からみていくことにするが、親房の活動については戦前以来多くの論考が出されている。ことに戦前のものは「結城親朝《ちかとも》の呪ふべき不信(中略)親朝が何故に親にも恥かしく兄弟にも顔を背向けねばならぬ不忠となったか」〔中村 一九三二：二三〇頁〕というような趣旨の著書や論文が主であるが、その中で、結城錦一『結城史小史』〔結城 一九四一〕は、現在でも学問生命がいき続けるすぐれた著書であり、この時代の結城氏研究の第一級のものであり、本章は同書に負うところが大きい。また、『慈円　北畠親房』(日本の名著9、中央公論社、一九七一年)や『福島県史』1(福島県、一九六九年)からも多くの示唆を得、史料は『白河市史』5(福島県白河市、一九九一年)に多くよった。

本章は、親房関係の文書から当時の東国国人の動きの特質と政治状況を検討し、鎌倉府の成立過程の検討の一助にしたいとの思いからなしているが、やはり問題となるのは白河の結城親朝の立場であろう。親朝のおかれた状況は当時の東国武士の一般的な状態を示しているものと考えられる。親房の書簡から親朝のおかれた状況を検討しながら、動乱初期の東国の動向を検討し、親房のおかれた状況をもみていこうと思う。

親房は五年間にわたり常陸にとどまり、奮戦したのであるが、この間に彼が発した書状・御教書等が七十余通残されている。まずこれらの文書をみながら、親房の行動の概略をみて、問題点を整理して、さらに奥羽の国人の問題に進もうと思う。

1　陸奥国府の「遺産」

奥羽の大軍をひきいた北畠顕家が延元三年(一三三八)五月に和泉堺浦石津《いしづ》で敗死すると、同年秋に退勢挽回をめざして、義良《のりよし》親王・北畠親房・同顕信・結城宗広《むねひろ》・伊達行朝《ゆきとも》らが奥羽に下ろうとしたが、暴風雨のために義良らは伊勢に押し戻され、親房等が常陸に流れついたことはよく知られている。なぜ奥羽を目指したかはいうまでもなく、奥羽が南朝方の拠点であったからである。親房がその奥羽に行くことができずに、常陸に入ったことは、南朝勢力の誤算であった。しかし、その後この地で親房は粘った。

親房は各地の有力国人に書を発して自らのもとに結集させようとした。結城親朝を通しての勧誘の最中に、石川一族について有名な「商人之所存」とのレッテルを張った「御教書」を親朝に発している。(1) 武士=「商人」というような親房の論理から、南北朝動乱期における武士・国人層の現実的・実力主義的なものの考え方を理解できずに、親房の書状の中にみられる東国武士にたいする観念的な鎌倉的武士論、中央公家の強固な身分意識にもとづく権威主義などから、親房の東国における活動は失敗するのが当然であるとする評価が固まっており(『慈円 北畠親房』)、このような評価は正鵠を射たものと考えられる。しかし、それでも五年間にわたって東国で活動できたのはなぜかという点の解明は残されている。

親房が五年間も活動できた理由の一つは、親房が建武政権下で奥羽に下り、陸奥国府＝「奥州小幕府」の経営に腐心し［佐藤　一九六五、遠藤　一九七三］、一定の成果を挙げていた「遺産」が存在していたからである。その二は、南朝から付与されてきた権限である。その三は鎌倉府が組織として確立しておらず、いまだ弱体であり、東国武士層を結集でききっていなかったことによる。その四は東国武士層内部にも問題があったことであろう。

常陸国東条《とうじょう》浦に漂着した親房は、小田治久《はるひさ》らの支援を得て神宮寺《じんぐうじ》城に、さらに筑波山の麓の小田《おだ》城に入って南朝の東国経営の拠点としたのである［結城　一九四一］。親房は義良親王の乗った船が伊勢に吹き戻されたことを知った後に、東国の有力諸氏にたいする政治工作を展開し始める。彼の構想は、奥羽に下向して中奥羽に勢力を持っていた葛西《かさい》氏等と連携して、北関東、南奥羽の武家方を撃破し、多賀国府を奪還するところにあった。

この当時、北関東から福島県の中通り、多賀城、平泉方面にかけての奥大道沿いの主要な諸氏は南朝方か、旗幟を鮮明にしないものが多かった。明らかに南朝方とみられるのは伊達氏や葛西氏、南部氏らであり、白河結城氏も南朝方とみられていた。小山・宇都宮・那須氏らは形勢展望派であったといえる。明らかに武家方は佐竹氏等であり、多賀城近辺には石塔義房《いしどうよしふさ》が奥州総大将として下向しており、南奥羽の岩崎《いわさき》・岩城《いわき》・伊賀《いが》・伊東《いとう》・相馬《そうま》・石川《いしかわ》・会津《あいづ》三浦《みうら》氏等が次第に武家方になびき、日増しに武家方が強力になっていった。

親房は伊勢に戻っていた子の顕信を陸奥介《むつのすけ》鎮守府《ちんじゅふ》将軍として陸奥に送り込み、常陸の親房と奥羽の顕信の両者によって武家方を挟み撃ちにしようとする計略であった。なんといっても奥羽には陸奥国府の「遺産」があった。

〔史料1〕北畠親房御教書(2)

（親房）
（花押）

石河一族の間のこと、先日国宣をなされおわんぬ、その後何様申さしめ候や、くだんの輩は年来、専ら御敵たり、しかれども先非を悔い、馳参せしめば、本領を安堵せしむべし、ことなる功あらば、その賞を行なわるべきの由、仰られおわんぬ、しかるに参らざる以前に所望の地を差し申す、傍例としてしかるべからず、所詮真実当参して別の忠を致さば、当郡内の村々においては、功に随いまず計らい宛らるべきか、当給人のこと、当時少々闕所となさんや、替を行わるべきの輩に至っては、いそぎ御沙汰を経らるべく候なり、その意を得て沙汰致せしめ給うべきの由仰せ候なり、よって執達くだんのごとし

延元三年十二月三日　越後権守秀仲奉

結城（親朝）大蔵権大輔殿

（原和様漢文、以下同）

〔史料2〕北畠親房御教書(3)

（花押）《（親房）》

高野郡郷の相博の事、伊達一族、度々恩賞として拝領候、あるいは綸旨を帯び、あるいは故国司《（顕家）》の宣を帯候、相博候段、公方より執仰らるるの条、彼等は定めて其勇を失い候か、ただちに談合せられ、承諾申せしめば、其につき計沙汰あるべく候、かつ此の間打渡の事、申請に任せ、まず国宣を成され候いおわんぬ、（中略）

五月十日《（延元四年）》　沙弥宗心

結城《（親朝）》大蔵大輔殿

〔史料3〕陸奥国宣(4)

（花押）《（親房）》

岩瀬郡河東郷内、大栗、狢森両村事、式部少輔の状此のごとし、子細状に見ゆ、早く彼代官に沙汰付せらるべき由、国宣候ところ也、よって執達くだんのごとし

延元四年九月十七日　越後守秀仲奉

結城《（親朝）》大蔵大輔殿

陸奥国府の「遺産」と考えられる主要な史料をあげてみた。これらは親房の袖判御教書である。

史料1は「商人之所存」にかかわる関連文書である。延元三年(一三三八)十二月三日、奉者である越後権守秀仲《ひでなか》が親房の命を受けて、石川一族の本領安堵・恩賞にかかわって、石川氏の態度を批判するとともに、結城親朝に、郡内の恩給地にしようとする当給人にたいして、替地等の処置を命じたものである。ここで注目したいのは「被成国宣(国宣をなされ)」という語句である。

史料2は延元四年(一三三九)五月十日に奉者沙弥宗心《そうしん》なるものが親房の命を受けて、陸奥国高野《たかの》郡内の伊達行朝の所領と結城親朝の他の所領との相博《そうはく》(所領の交換)交渉を命じたものである。この件の概要を示せば、建武二年(一三三五)に中先代《なかせんだい》の乱が勃発したときに、奥州でもその与党が蜂起したのであるが、この反乱を伊達氏が討ち、その功により、北条時行《ときゆき》にくみした者の闕所地である高野郡北方が伊達氏に与えられたのである。だがこの地は伊達氏に渡されなかった。実力者結城親朝が実質的に支配して横領していたのである。これにたいして伊達行朝は度々親朝の非を鳴らして、その打ち渡しを親房に訴えてきたのである。しかし、もっとも頼みとしたい親朝の横暴なので、親房もうかつな判断はできなかった。そこで交渉による相博を命じたのであった。ここにも「被成国宣」とある。

では、その「国宣」とはどのようなものかといえば、相博にかかわる国宣ではないが、親房が発した国宣が存在している。史料3の岩瀬郡河東郷内の大栗《おおくり》・狢森《むじなもり》両村の沙汰を命じた国宣がそれである。これは陸奥国国宣とみなすことができる。

陸奥国国宣を発することができるのは、陸奥国の国司であることはいうまでもない。ならば、史料1・2・3の文書からして、北畠親房は陸奥守であったのであろうか。この時期に親房が陸奥守であった事実はない。ではなぜこのような陸奥国国宣を発布することができたのであろうか。その理由を示す、確実な史料は存在していないが、その根拠を推測してみると、延元三年九月に南朝軍が奥州に向けて伊勢を出発するところにあったと思われる。この集団は義良親王を奉じて、従三位陸奥介鎮守府将軍北畠顕信、「政治顧問」的な立場の親房が中心となり、奥州の有力者である結城宗広・伊達行朝らを従えて出発したのである。このとき、北畠顕信は「新国司三位中将」(5)と呼ばれている。

この構成はいうまでもなく建武政権下において、北畠顕家を中心とした陸奥国府体制を再構築しようとするものであったといえる。陸奥国府体制＝「奥州小幕府体制」は、後醍醐の皇子義良親王を奉じた陸奥守北畠顕家を中心として、建武政権の藩屏として樹立された地方政治機構である。国府に式評定衆《しきひょうじょうしゅう》、引付《ひきつけ》、政所《まんどころ》、評定《ひょうじょう》奉行、寺社奉行、安堵奉行などがおかれ、地方に検断《けんだん》・奉行等を設置して、奥羽の国人をこれらの職に登用した。国府からの命令は国宣によってなされており、現在顕家の袖判がすえられた国宣が八十数通残されている[遠藤 一九七三]。

陸奥国府の支配は、失敗が多かった建武政権の中でも例外的に成功したものであったが、顕家の二度の上洛・遠征、戦死により陸奥国府体制は解体していた。親房等の奥羽への進発は、この体制を立て直し、南朝軍の拠点にしようとしたことはいうまでもない。そして、陸奥国国宣は顕信が発するはずであった。ところが、南朝方のこのような意図は暴風雨のために挫折し、親房のみが常陸に流れつき、顕家の身代わりとなり、奥羽経営の中心となるべき弟の顕信は伊勢に吹き戻されてしまったのである。国宣を発布すべき主体の新国司である陸奥介顕信が東国にいたらなかったことにより、陸奥国府体制を再構築するためには、国宣を発布する主体が必要であった。すなわち、その主体を親房が「代行」していたといわざるをえない。

では、いつまで陸奥守の「代行」は続いたのであろうか。越後権守秀仲は最後まで親房のもとにあり、奉者となって御教書を発布しているのであるが、興国二年（一三四一）正月十三日付の北畠親房御教書（結城古文書写、市史一八四号）によれば、「依一品家仰候也、仍執達如件」となっており、北畠一位家《いちいけ》（このとき親房は従一位《じゅいちい》）と明確に記し、一権門として御教書を発しているのである。いつの時点かに権門としての立場に立つようになったのである。親房による陸奥守「代行」はいつまで続いたかといえば、常識的に考えて、興国元年（一三四〇）春に顕信が奥羽に下向してくるまで続いたと考えられる。

2　親房の権限

南朝方は、義良親王―北畠顕信―北畠親房のラインによる陸奥国府体制によって、東国・奥羽の政治的・軍事的な主導権を確保しようとしたのであるが、その構想は暴風雨によりもろくも崩れ去った。だが、親房らに付託された東国・奥羽にかかわる軍事的・行政的な権限は存続していた。

〔史料4〕北畠親房御教書(6)

一　僧浄光下向の事、先日かつ仰られ候いおわんぬ、はなはだ御意を得がたく候、一向彼僧推参の儀に候か、およそ東国の事、直勅裁を閣かるべきの由、先皇《（後醍醐天皇）》の御時に仰置かれ候いおわんぬ、況奥州においては　（以下略、史料6に続く、原和様漢文）

この史料は結城親朝宛の親房の御教書の一部である。興国三年五月六日の日付であり、関・大宝城に逃れた親房が苦境に立ち、東国を追われるほぼ一年半前のものである。親房らは高師冬《もろふゆ》を大将とする鎌倉府軍の猛攻を受けているだけでなく、吉野との間にも意志の疎通を欠いており、関係も悪化しつつあった時期のものである(この点は後で述べる)。吉野からの使者として僧浄光《じょうこう》なるものが奥羽に吉野から下向してきたというが、きわめておかしなことであり、その僧の指示などは信用すべきではないというのである。

その理由は、親房にいわせれば、東国のことは、「直勅裁《じきのちょくさい》」をさしおく（閣）との後醍醐天皇の「仰《おおせ》」を得ていたというのである。ましてや奥州の郡々の奉行のことについては、いまさら上裁《じょうさい》を受けるには及ばないと述べている。すなわち、東国・奥羽に関する全権を後醍醐天皇より委任されていたと強調しているのである。また、これより以前の興国元年正月二十二日付の結城大蔵大輔宛て北畠親房御教書には「其外東八ケ国の輩、御成敗の間、直奏を止められ候、しかるに先皇《（後醍醐天皇）》御代所縁に属し、官途、恩賞、御感等の事、綸旨を掠め給うの族候か(7)」とあり、親房は奥羽両国と坂東八か国の成敗を任されているとし、天皇への「直奏《じきそう》」が止められているとしている。にもかかわらず、後醍醐天皇との所縁で官途・恩賞・感状を賜っている者もいるが、それは認められないとしているのである。また、「そもそも任官ならびに下野三郎安堵以下の事、(中略)先皇《(後醍醐天皇)》御素意として、ひとえに入道一品《(親房)》に委任せられ候(8)」との史料も存在している。

従来、筆者はこのような権限は北畠顕家が奥羽に下向し、陸奥国府体制を形成したときに得た権限と理解してきたが[伊藤 一九九二：一七三頁]、これらの史料の内容からして、親房・顕信が延元三年(一三三八)秋に奥羽に強固な南朝方の基盤を確立するために、伊勢を進発したときに後醍醐から与えられた権限であったと理解したほうがよさそうである。いずれにしても、鎌倉府に対抗するため親房・顕信らは、東国・奥羽に関して、かなり強大な権限を与えられて下向してきたものと考えられる。かつての陸奥国府体制を再現させるためには、顕家がふるった以上の権力が必要であった。

親房は「直勅裁」をさしおく、「直奏」をとどめるという「御墨付」を後醍醐から得ているという認識のもとに、強い姿勢で東国諸氏を統括し、鎌倉府軍に対抗しようとする。親房の書簡や御教書の検討から、常陸小田城に置かれた彼を中心とする「陸奥国府」(陸奥国国宣を発しているので、仮にこのように規定する)のイメージは次のようなものである。

義良(後村上天皇)に代わって興良《おきよし》親王を奉じて、仮の「国府」を小田城に置いたのであるが、いずれ奥羽に下向し、多賀国府の奪還を目指す意図であり、それがかなわなければ、霊山《りょうぜん》を拠点として活動するつもりであったと考えられる。「奥州御下向事、路地難儀、誠以難儀候」（市史一二六号）と述べていることからもうかがえるように、それはかなり困難なことであった。それゆえ、矢継ぎ早に奥州に指令を発して下向の道を開こうとするのである。仮の「国府」には奉者を置くだけでなく、建武政権下の陸奥国府に習って、吉野から次々に中・下級公家を呼び寄せて、吏僚としていった。春日顕国《あきくに》等はその代表である。さらに支配の基本を行政単位の郡においていたことも明らかである。

親房は「直勅裁」をさしおかれていたことにより、かなり広範な権限を行使していた。軍事指揮権はいうまでもないことである。もっとも有名なものが官途・官位の吹挙であり、前述した興国元年の御教書に「官途・恩賞・感状」の「直奏」をとどめるとみえていることからも知られるように、多くの国人の官途・恩賞等を吉野に吹挙している。本領安堵・闕所地処分権も存在していた。また伊達行朝が結城氏によって高野郡内の地を横領されていることを訴えているように、所務相論の「裁許」権も存在したようであるが、ほとんど形式的なものであり、実態はなかったであろう。最終局面では、守護職の吹挙をもなしていた[9]。

3　南朝の「分裂」

しかし、小田城の仮「国府」は壊滅していく。その主要な要因は鎌倉府軍の攻勢が激化し、小田治久が足利方に寝返ったことにあったが、これを促す要因は南朝方にも存在していた。南朝方で親房の東国での振る舞いに叛旗をひるがえす事態が起こってきたのである。

常陸に流れついた親房の初期の段階は軍事的には苦しいながらも、鎌倉府方を苦境に陥れることもしばしばであった。だが顕信が常陸に下向し、さらに奥羽に下った後、吉野との間に大きな亀裂がはしりはじめたのである。小田氏が武家方に走るほぼ半年前から、いわゆる「藤氏《とうし》一揆」とよばれる企てが南朝方で構想されたのであるが、これは明確に反親房の動きであった。この点をやや詳しくみておこう。

〔史料5〕北畠親房事書[10]（松平結城文書）

一　小山辺の事荒説両条、元来信用の限にあらず候、然ども小山自身年少、然べきの補佐の輩も候はざるか、（中略）、蜜々（マヽ）荒説の分をもって仰られ候いき、此風聞此辺ニハ以外の事に候也、かつ近衛前左大臣（経忠）家、吉野殿を出でせしめ給候しか、京都も敵方も更に賞翫申さず候、亡屋一宇・所領二カ所を進すの外、正躰無しと云々、此の事により、また方々語られ候か、彼の御使所々を廻り候、其旨趣ハ、藤氏おのおの一揆すべし、かつ我身は天下を執るべし、小山をもって坂東管領に定めらるべきと云々、彼使節当所、小田方へも御状を帯び来り候しか、小山に向かいおわんぬ、（以下略）（原和様漢文）

史料5は、藤氏一揆を伝える有名な親房の事書である。これによって吉野・京都の南朝方の動向が知られるのであるが、ポイントは南朝方の内紛的なものがみられることである。南朝の重臣である近衛経忠《つねただ》が吉野を出て、京都に帰り、さらに東国に下り、小山氏や小田氏、白河結城氏らの藤原一族を結集し、藤氏一揆を結成して東国の足利軍に対抗し、小山氏を盟主となして「坂東管領」にしようとしているというのである。このような「荒説」にたいして、動揺するものもあり、小田氏や新田義興《よしおき》に関しても「荒説」があることを伝えているのである。

関連文書として、興国二年(一三四一)五月二十五日付の結城修理権大夫宛て法眼宣宗書状(11)がある。ここにおいても、藤氏一揆や新田義興にかかわる怪しげな噂の発生を伝えており、小山に関することは不審な点が多く、坂東管領には補任されないし、義興には直接に「荒説」をただしたところ、自分は知らないと述べたと記しているのである。

さらにもう一つの関連文書として、同じ時期と推定される某氏書状の断簡(結城家文書、「追申」のみ)がある。(12)ここには近衛経忠のさらなる動向を伝えており、東国に下向し、一揆を結成して盟主になろうとするための「御文」等がくるので、相手をしないようにとの趣旨が記されている。興国二年五月頃のこれらの書状などをみる限り、親房の「陸奥国府」の権限、すなわち「直勅裁」をさしおく権限を脅かすような動きが起こってきたことを示しているのである。ただし、この件については、ほかに傍証はないものの、ほぼ事実であろうと考えられる。

〔史料6〕北畠親房御教書[13]（相楽結城文書）

一　僧浄光下向の事、先日かつ仰られ候いおわんぬ、はなはだ御意得がたく候、一向彼僧推参の儀に候か、およそ東国の事、直勅裁を閣おかるべき由、先皇（後醍醐天皇）御時仰置かれ候いおわんぬ、況奥州おいては、郡々奉行等の事、今更以何篇をもって上裁に及ぶべきや、たとえ実事足るといえども、案内を知らざる人々の申沙汰に候か、向後といえども信用あるべからざる事に候也　（原和様漢文）

史料6は親房が結城親朝に宛てた書状であるが、藤氏一揆が表面化した一年後のもので、親房も小田城を脱出して関・大宝城に逃れた半年後の状況を示し、「直勅裁」をさしおくことについて記したものである。この点についてはすでに述べたが、ここで注目したいのは吉野の使者とみられる僧浄光である。彼の行動は「直勅裁」をさしおくとする後醍醐天皇の「仰」に反するものであるとし、事情を知らないものどもが命じているのではないかとして、信用すべきでないと吉野の一部の人々を批判しているのである。

さらに関連書状（親房の書状と推定されている）が存在するが[14]、そこにはあからさまに吉野の公家を批判する言説がみられる。吉野の使者である律僧（浄光）が下向してきたこと、彼のもたらした吉野の意向は納得できないこと、小田氏が裏切ったときも下向してきており、その後も小田に逗留しておりで不審であること、綸旨も大雑把でおかしいこと、坂東八か国は「直勅裁」をさしおいているにもかかわらず、田村・石川両郡の支配を多田《ただ》入道に命ずることは誠に変であること、吉野の後村上天皇は幼少であり、政治を知らず、天皇を補佐する上卿等が錯乱しており、奉行人も政治に熟達していないこと等々、まさに吉野に向かっていいたい放題の言辞といえる。親房と吉野との間が意思疎通を欠き、吉野は東国で劣勢になっている南朝方を親房を通さずに梃入《てこい》れしようとしたものと見なされ、これにたいして親房は後醍醐の「直勅裁」をさしおくとの意向を楯に反発しているのである。従来から指摘されているように、このような動きは、反親房運動であり、南朝の一部勢力の分派行動であった。

興国二年から三年にかけての親房をめぐる状況は、親房の東国「支配」(「閣直勅裁」)の否定であり、その具体的なあらわれが、「藤氏一揆」結成計画である。このような親房追い落とし計画が進んでいる中で、興国二年(一三四一)十一月に親房は小田城を追われ、関・大宝城に逃げ込むのである。

親房は罵詈雑言を藤氏一揆の企画者である近衛経忠に浴びせているが、佐藤進一氏は、経忠の動きは、南朝に主戦派と講和派があり、経忠は講和派として行動しているのであり、親房のいうことは全面的には信用できないと断じている[佐藤　一九六五]。このような状況を勘案して、親房の小田城撤退をみてみると、親房が関・大宝城に移ったのは小田氏の裏切りであるとするのが一般的であり、事実そのようにいっていいのであるが、ほかの点も考慮に入れておいてもよいであろう。

すなわち、小田氏は藤氏一揆の有力な構成員の一人と見なされていたことにも注目すべきである。

小田氏の動きは微妙である。律僧浄光の動きからそれが読み取れる。浄光は吉野から小田氏のもとに下り、小田氏が足利方に降った後もそこにいたというのである。親房と小田氏の間に何らかの齟齬がおこり、小田氏は直接吉野との接触を求めたとも考えられる。それは藤氏一揆への参加の問題であろう。それ以前から小田氏と親房の間はぎくしゃくしたものがあったものとみられる。小田氏も親房の支配に不満を持ち、藤原氏系の北関東の小田・小山・宇都宮・結城などの各氏が一揆を結んで、吉野の意向を梃子に、政治・軍事の主導権を握ろうとしたことは十分に考えられることである。鎌倉府方とも親房からも離れた相対的に自立性を持った政治勢力としての活動を目論んでいたのではないか⒂。

だからこのような動きを察知した親房は、さかんに吉野を批判する書面を結城親朝に送って、その意図をつぶそうとしたものとみられる。分裂ぎみの南朝方の動向にたいして、鎌倉府方は巧妙に介入して、小田氏の寝返りを誘ったものとみられる。このような北関東・南奥羽の有力武士の動きは、当然のことながら中小国人の動向に規定されていた。

4　国人の動向

こうしたなか、キーパーソンになったのが結城親朝であり、彼は藤氏一揆の中核になりうる立場にあった。たしかに父親宗広や弟親光との関係から南朝方の立場をとっているものの、その去就は不透明な点があった。しかし、親房は常陸で小田氏を頼ったと同様に、結城親朝に依拠しなければ奥羽を攻略する展望が開かれなかった。結城親朝がいる白河は、多賀国府と親房がよる小田城のほぼ中間にあり、親朝の動向が戦局に大きな影響を与えたのである。それゆえ、親房は結城親朝を通して北関東・南奥羽の国人層を掌握しようとした。たとえば、南朝方とみられる田村庄司について「田村庄司一族中、少々違変の由聞候や、何様候や、相構先誘試せらるべく候」(16)（延元三年十一月十一日）などとみえており、各地の国人を親朝をもって説得したり、勧誘したりしている。

結城親朝が多くの周辺国人を結集させて、その盟主的存在であったことはよく知られているところである。親朝の行動を支えていたのは、彼が検断奉行職に任じられていたからであり、このような職を利用して勢力を拡大していったとするのが通説的見解である（『福島県史1』五七五頁）。郡検断奉行という国家公権がきわめて注目されているのである。郡検断奉行とは何かといえば、北畠顕家を中心として設置された陸奥国府の地方支配の基幹となった支配機構・組織であった。厳密にいえば、郡奉行は行政的な組織であるが、郡検断は郡内の軍事指揮権を掌握し、軍勢を指揮する立場にあった。陸奥国府・南朝から任じられた郡検断奉行という公権が親朝の基盤であったという。事実、親朝が足利方に降った後の貞和二年（一三四六）六月に畠山国氏《くにうじ》は「奥州郡々検断奉行」を結城親朝に安堵しているのである。(17)

これ以前の康永三年（一三四四）九月に、結城氏は所領等にかかわる手継証文等(18)を足利方に提出して、その安堵を求めており、その中に「白河・高野・岩瀬以下検断事国宣建武二年十月廿六日」との、陸奥国府が発した国宣一通が含まれているが、これにもとづいて幕府側は所々の検断奉行を安堵したものとみられる。

たしかにこのような公権は、結城氏の所領支配の維持に大きな力になったものと考えられる。だが、それだけで南北朝動乱を乗り切れるほど事態は甘くなかった。動乱の過程を通してこのような公権はほとんど意味を持たなくなっていくのである。国人を結集させる他の要素を考えていかなければならない。

親房が国人を勧誘する書状の中で注目したいのは、「一族」という文言である。親房の書簡の中に出てくる「一族」という語句を拾っていくと、「田村庄司一族」、「石川一族」の他に、結城氏にたいしても「一族以下」「一族等忠節」とみえ、「伊達一族」「那須一族」「東条一族」「葛西一族」と記している。長沼氏についても「一族家人中」、小山氏についても「彼一族」と呼び、また敵方である結城惣領にたいしても「惣領并一族郎等」、「佐竹一族」というように、「一族」という語句を多用している。

「一族」という用語・概念は前代以来みられるものであるが、その一族が惣領のもとで一致して行動するということはなくなっていた。一族内部に分裂が起こり、南北両派に別れるというのが当たり前となり、それが動乱期の武士世界の常識であったことは周知の事実である。北関東の有力豪族も同様であった。興国元年(一三四〇)十月十日の北畠親房御教書(19)によれば、小山兄弟が争っていることがみえ、また、次の年の十月十六日の結城修理権大夫宛て法眼宣宗書状(20)によれば、東条一族の大半が変心し始めていること、長沼は一族の首長の意向からではなく、芳賀《はが》入道の誘いにのって一族家臣が変節しはじめていること、宇都宮一族も当主への反旗をひるがえし、小山の一族の一部も叛意をみせていること等々、当主(惣領)の意思が通用しない事態を伝えているのである。

このような状況から何が期待されたかといえば、一族一揆である。興国二年四月五日付の結城親朝宛て北畠親房御教書(松平結城文書)にそれがみえている。「彼家一流、坂東において由緒他に異なり候、面々一揆し兇徒を退けられ候者、ふたたび遠祖の功業を興さるべく候、真実一揆候者、坂東において誰人比肩すべき候や、只一揆の成否によるべく候か」(21)とあり、一族が一致団結して鎌倉府方にあたることを求めているのである。また同年五月二十五日付書状にも、「一族一揆して凶徒退治」などと述べられており、一族一揆が重要視されているのである。鎌倉期的な惣領制から一族一揆へと変わりつつあるのが動乱社会の趨勢であった。しかし一揆は一族一揆のみではなかった。よく知られているように国人一揆が本流であった(一族一揆も国人一揆の一つであるが)。結城氏も当然にこのような流れに乗っていた。

〔史料7〕結城親朝注進状案(22)

註進

結城

太田九郎左衛門尉宏光　　結城下総三郎兵衛尉宗顕

同能登権守経泰　同五郎左衛門尉泰忠

村田

安芸権守政成　下総権守光成
長門権守胤成　藤井五郎左衛門尉朝貞
備前権守家政　修理亮政景

下妻

下野二郎左衛門尉景宗　同五郎右衛門尉政国
同徳犬丸　同王犬丸
同五郎兵衛尉　同八幡介景貞

長沼

淡路八郎左衛門尉胤広　同七郎兵衛尉宗清
伊賀権守入道宗意　同益犬丸
越中権守宗村　信濃権守時長
同弥五郎入道戒願　同又七左衛門尉宗行
同五郎兵衛尉宗親　同大輔法眼宗俊
河村山城権守秀安　同一族等
荒蒔五郎左衛門尉秀光　南条蘭夜叉丸

標葉参河権守清実
同大郎(マヽ)兵衛尉清俊
石河駿河権守光義
同千石六郎時光
同一族等着到在別紙
同三郎左衛門朝末
伊東刑部左衛門入道性照
同五郎入道顕光
田村遠江権守宗季
佐野九郎入道重円
班目周防権守惟秀
由利兵庫助入道輪照
競石江左衛門尉祐遠
豊田刑部左衛門尉親盛
右註進如件
康永二年九月　日

同三郎左衛門尉盛貞
同三郎兵衛尉清房
同大寺孫三郎佑光
同小貫三郎時光
伊賀孫太郎左衛門尉親宗
五大院兵衛入道玄照
同常陸新左ヱ門尉祐信
那須首藤兵衛尉高長
同一族等
中村弥五郎実泰
牟呂兵庫助親頼
船田三郎左衛門尉高衡
和知三郎兵衛尉朝康
白坂治部左衛門尉祐長
(結城)修理権大夫親朝

この文書は結城親朝が足利方に応じたときに注進された交名目録《きょうみょう》である。ここには、結城一族以下、村田・下妻《しもづま》・伊賀《いが》・石川・伊東・田村・那須・斑目《まだらめ》・船田・和知《わち》・白坂・佐野・競(鏡?)石・豊田・由利《ゆり》・牟呂《むろ》・中村・五大院・南条・荒蒔《あらまき》・標葉《しねは》等々の北関東から南奥羽にかけての有力国人、その一族の五五名が列記されている。『福島県史』によれば、これらの人々は、親朝の検断奉行職権下にある人々で、結城家の家臣でないこれらの人々を検断奉行の職権をもって統率してきたという(『福島県史1』五七五頁)。

ここにみられる主な国人層を少しみてみよう。結城・村田・下妻・長沼のように多くは一族ごとに括られているが、村田氏は「藤井五郎左衛門朝貞」がみえることより、秀郷流藤原氏の出であり、小山氏の庶流で、下野から常陸に勢力をもっていたものと考えられる。下妻氏はこれも秀郷流藤原小山氏流で常陸国下妻荘近辺を領していた者どもと考えられる。長沼氏は下野国の小山氏流の豪族である。那須氏は周知のごとく下野国那須郡を支配地とする有力豪族である。伊賀氏は東海道(福島県浜通り)の有力国人。荒蒔氏は上野国から出たとされているが、常陸佐竹氏とも関係が深いとされており、これも北関東の一国人であったであろう。標葉氏は陸奥国東海道(浜通り)の有力国人である。佐野氏は下野国の豪族で秀郷流藤原氏である。南条氏は不明であるが陸奥国の住人か。由利氏は出羽国由利郡出身と思われるが不明。競石氏(白河荘ヵ)・牟呂氏(参河国渥美郡牟呂郷の出身)・五大院氏(石河荘ヵ)等もどこに所領を持っていたか不明。豊田氏も不明であるが、下総国豊田荘出身で北関東辺りを拠点としていた国人であろう。その他の伊東氏・石河氏・斑目氏・田村氏・

和知氏らは仙道《せんどう》（福島県中通り）南部の国人である。

ところで、結城親朝が得ていた郡検断職は「白河庄・高野郡・岩瀬郡・安積郡・石川・田村庄・依上・小野保」(23)の、仙道（福島県中道り）南部地域であった。上記「注進」の中にみられる国人層は、親朝が得ていた検断職の地域をはるかにこえていることが知られる。下野北部から仙道南部を中心に、常陸北部・岩城地域の一部をも含んだ広大な地域の国人層の面々である。郡検断職によって結城親朝がこれらの諸氏を結集させたとの説明だけでは不十分であろう。もちろん、郡検断権はこれら諸氏を結集させるための重要な梃子であったことは否定しないが。この件については次の史料が参考になる。

〔史料8〕足利尊氏御判御教書案(24)

奥州所々城郭退治の事、一族並一揆輩を催促し、早速御方に参り軍忠をいたさば、建武二年已前の知行地、各相違あるべからざるの状くだんのごとし

康永二年二月廿五日　　　　御判（尊氏）

結城大蔵少輔殿

史料8は結城親朝が足利方となるほぼ半年前に、尊氏が親朝にたいして建武二年以前の知行地の安堵を条件に味方に誘ったものであるが、「一族並一揆輩」とみえており、結城氏を中心に一揆が

結成されていたことが知られる。そしてこの関連文書として親朝が足利方となった一か月半後、康永二年(一三四三)十月二日付の奥州総大将石塔義房の親朝宛の書下案がある。(25) そこにも前記史料を引用して、「一族並一揆輩を催具し、早速御方に参り、軍忠致さば、建武弐年以前の知行地、各相違有べからざるの由」との語句がみえており、この「一族並一揆輩」とは、前記「康永二年九月日」の結城親朝注進状に記載されている国人に相違ない。すなわち、親朝注進状は一揆した人々の名簿一覧であるといえる。

このようにみてみると、親朝の権力基盤は郡検断職のみでなく、北関東から南奥羽にかけて結成されていた国人一揆にあったということができよう。そしてその盟主的な存在が結城氏であったといえる。藤氏一揆についてはすでに述べた。これは失敗したのであるが、藤氏一揆そのものではないものの、それに近いような藤原氏等を中心に北関東・南奥羽の国人たちによって一揆が結成されていたということは、藤氏一揆がまったくの架空話でなかったことを示している。

この一揆の構成は「一族並一揆輩」となっていることより、一族と一揆によって構成されていたと考えられる。事実、親朝注進状も結城・村田・下妻・長沼などのように一族ごとに括っている。一族は一族一揆を結んでおり、さらに他氏と連携して広域的な一揆を結成するという二重構造の一揆であったとみられる。

このような那須・白河地域を中心とする国人一揆を、仮に「那須・白河国人一揆」と呼んでおこう。この一揆がいつごろ結成されたかは詳らかにすることはできない。しかし、近衛経忠らによって藤氏一揆が目論まれたのは、北関東・南奥羽にこのような国人の連合の動きがあったからこそ、藤氏一揆が企てられたのではなかろうか。藤氏一揆が目論まれた前後には「那須・白河一揆」が結成されていたとみなして誤りあるまい。

北畠親房は国人のこのような動きを見誤ったといえる。「那須・白河国人一揆」が結ばれていたならば、結城親朝が単独で軍事行動することは不可能である。結城親朝は一揆に縛られて、一揆構成員の同意を得なければ動くことができなかったのである。ところが尊氏は明快であった。一揆を丸ごと味方にしようとしていたのである。勝敗は決した。

ところで、このような国人一揆はいつまで続いたのであろうか。この点を最後に簡単に考えておこう。

まず第一点として、室町時代の結城白川氏は南奥に大きな勢力を築いていたのであるが、その権力構造は国人一揆的なものであったことが知られている（『福島県史1』七六五頁以下）。那須氏との関係は婚姻関係から常に同盟的な関係にあり、禅秀《ぜんしゅう》の乱以後に那須氏が鎌倉公方持氏《もちうじ》に攻められたときも、那須氏を強く支援している。北関東・南奥羽のほかの国人との間も同盟的関係を続けている。また、享徳の乱においても、幕府の御内書などの分析から、小峰・二階堂らの国人が白川と「談合」を加えとあることより、白川氏を中心とする「一揆」的状況が知られるのである。また、同時期に北関東の諸氏とも連携関係を結んでいる。

室町時代における白川氏の権力の特質は、一揆的な権力構成であったといえる。さらに戦国期に至っても、大名権力が弱体であり、一揆的状況であったので、強力な戦国大名とはならずに、伊達氏や蘆名氏に圧倒されたとされている。

室町時代も南北朝期に結成された「一揆」は基本的に続いていたものとみられるが、もう一つ注目したいのは、応永十一年(一四〇四)に結成された仙道《せんどう》一揆との関係である。仙道一揆は三つその存在が指摘されている(『福島県史1』七一八頁以下)。それぞれの一揆の中心となったのは、仙道南部の伊東氏一族、田村氏一族、石川氏一族である。このほかにも少数ながら、二階堂・白川・蘆名・長沼の各氏が参加している。伊東氏を中心とする一揆は安積《あさか》郡、田村氏の中心は田村荘、石川氏中核の一揆は石川荘を中心とした一揆であった。この一揆の特質は、一族一揆的な側面も強いが、郡や荘ごとにまとまりをみせていることより、地域の国人が連合した地域的一揆も合わせ持つものであった。

かつてこの一揆について浜通りの五郡一揆(26)と対比させて、「この仙道一揆の性格は、浜通りの海道五郡一揆のあり方をも推測させるものである。それはそれぞれの郡内に中小の国人を結集した国人一揆が存在していたことを想定させるものであり、五郡一揆はそのような一揆の代表者がさらに結集して一揆したものであろう。仙道でも伊東・田村・石川各氏の代表者が契状を結べば、五郡一揆のような大規模な一揆が結成されたであろう」と論じたことがある[伊藤一九九七：一二〇頁]。

仙道一揆は郡や荘という地域的なまとまりをもった中小国人の一揆である。だが郡や荘を越えてまとまった大規模な一揆が存在していた。それが下野北部・仙道南部を中心とした「那須・白河」

一揆である。室町初期に仙道国人一揆の上に、浜通りの海道五郡一揆のような「那須・白河」一揆、あるいは「一揆的状況」が存在していたと推定できる。すなわち、浜通りの五郡一揆をも含めて考えれば、北関東から南奥羽にかけての国人一揆の構造は、一族的な一揆とその上に立った国人の連合体である広域的な一揆というような、二重構造になっていたと考えられるのである。

結城親朝の注進状がまさにそのことをはっきり示している。この注進状は北関東・仙道南部地域の国人一揆の原初的形態を示しているといっていいであろう。国人一揆の構造は、北関東や南奥羽だけでなく、東国・奥羽全体がこのようであったと推測することも可能である。この点についてはいずれ検討したい。

北関東・南奥羽は鎌倉府の支配からみたならば、たえず不安定であった。一揆的な行動を繰り返しながら、基本姿勢は絶えず反鎌倉府であった。小山氏の反乱[27]、伊達政宗の乱、篠川・稲村公方の奥羽下向、禅秀の乱、結城合戦、享徳の乱など、たえずこの地域が主役を演じていたという歴史事実に注目しないわけにいかない。また、京都扶持衆の主要なメンバーもこの地域の国人である。彼らの動向こそが室町時代の政治史を解明する一つのかぎとなっているのである。この地域の動きを洗い出し、再検討を重ねていき、室町期の新たな政治史を構築していきたいと思う。

おわりに

北畠親房の残した多数の書簡・御教書などは南北朝期の東国や奥羽の状況をかなり克明に伝えている。結城親朝は戦前において「不忠者」として強く批判された存在であった。もちろん現在はこのようにいう研究者はほとんどいない。

しかし、親朝が首鼠両端《しゅそりょうたん》、洞ケ峠《ほらけとうげ》をきめこんだことも事実である。なぜこのようになったのか。南北朝期の武士の習いといえばそれまでであるが、彼が個人的には動こうとしても動けなかった側面もあったであろう。上から命令すれば武士団が動くという時代ではなくなっていたからである。また、公権を振るえばそれにすべて従うという時代でもなくなっていた。世は一揆、国人連合の時代となっていたのである。一族の合意、一揆を結んだほかの国人との合意にもとづいて行動しなければならなかった。合意に反した行動をとったならば、みずからの立場が危うくなる時代であった。

北関東・南奥羽において一揆している国人は、一致・合意して親房に味方する状況ではなかったと考えられる。また鎌倉府にたいしても同様であった。だからこそ親朝は個人的にわずかばかりの金品を親房に送ることしかできなかったのである(28)。だが状況が変われば、一揆丸ごと一致して行動するようになるのである。彼らは首鼠両端的態度から尊氏方に結集していくことになるのである。

以後、東国・奥羽は国人の連合と角逐の時代となっていき、ことに北関東・南奥羽の国人の動きは台風の目となっていくのである［伊藤 一九七八］。この点については次の機会に再度検討しようと思う。

（1）十一月二十六日付結城大蔵権大輔宛北畠親房御教書（松平結城文書、市史一二六号）。
（2）延元三年十二月三日付結城大蔵権大輔宛北畠親房御教書（松平結城文書、市史一二七号）。
（3）五月十日付結城大蔵大輔宛北畠親房御教書（結城家蔵文書、市史一三七号）。
（4）延元四年九月十七日付結城大蔵大輔宛陸奥国宣（相楽結城文書、市史一五〇号）。
（5）九月二十九日付結城大蔵権大輔宛北畠親房御教書（松平結城文書、市史一二一号）。
（6）五月六日付結城修理権大夫宛北畠親房御教書（相楽結城文書、市史二四七号）。
（7）正月二十二日付結城大蔵大輔宛北畠親房御教書（松平結城文書、市史一五七号）。
（8）五月二十八日付結城大蔵大輔宛忠雲書状（伊勢結城文書、市史一六六号）。
（9）興国四年七月十二日付北畠親房御教書（松平結城文書、市史二七四号）。
（10）北畠親房事書（松平結城文書、市史一九三号）。
（11）五月二十五日付結城修理権大夫宛法眼宣宗書状（松平結城文書、市史一九四号）。
（12）某書状（結城家文書）。註（11）関連の断簡とみなされる。
（13）前掲註（6）北畠親房御教書（相楽結城文書、市史二四七号）。
（14）某書状（結城古文書写、市史二四八号）。『白河市史』は北畠親房が結城親朝に宛てたものと推定している。
（15）佐藤進一氏は、南北両朝に対する第三の王朝を擁立する意向ではなかったかと推測している［佐藤 一九六五：二三五頁］。

(16)　延元三年十一月十一日付結城大蔵権大輔宛北畠親房御教書(松平結城文書、市史一二五号)。
(17)　貞和二年六月二十七日付結城大蔵大輔宛畠山国氏書下(結城家文書、市史二九六号)。
(18)　康永三年九月二十四日付某書状案(結城家文書、市史二九〇号)。
(19)　十月十日付北畠親房御教書(松平結城文書、市史一七四号)。
(20)　十月十六日付結城修理権大夫宛法眼宣宗書状(結城古文書写、市史二一八号)。
(21)　四月五日付結城修理権大夫宛北畠親房御教書(松平結城文書、市史一八六号)。
(22)　康永二年九月　日付結城親朝注進状案(結城家古文書、市史二七八号)。
(23)　建武二季十月二十六日付陸奥国宣(結城神社所蔵文書、市史六〇号)。
(24)　康永二年二月二十五日付結城大蔵少輔宛足利尊氏御判御教書案(白河証古文書、市史二六一号)
(25)　康永二年十月二日付結城修理権大夫宛石塔義房書下案(結城家文書、市史二七九号)。
(26)　『福島県史1』七二八頁以下で詳しく検討している。
(27)　小山氏の反乱については、磯貝富士男「小山義政の乱の基礎的考察」〔磯貝一九八四〕を参照されたい。
(28)　十一月十二日付結城殿宛法眼宣宗書状(結城古文書写、市史二五六号)。

〔追記〕　この文は、故小林清治氏の喜寿のお祝いにと企画された『中世南奥の地域権力と社会』(岩田書院、二〇〇一年)に収録されたものである。本書の他の章の論文は「評論」的なものが多いが、この論文だけは史料の分析を主として作成しているのが特徴である。北畠親房が常陸で作成した書簡、御教書等は長文なものが多く、当時の東国や南奥羽の社会や武士の動向を細かに記している。それゆえ、当時の北関東から南奥社会等の状況を知る上では貴重なものである。
親房は鎌倉末期に後醍醐天皇に仕えて大納言にのぼったが、元弘の乱の一年前に出家している。

その理由は養育していた世良親王が死去したためであるとされているが、後醍醐の親政に批判的であったためともみなされる。建武政権成立後は周知のように顕家とともに陸奥に下りそこで辣腕を振るっている。そして新政権の崩壊後は常陸において鎌倉府軍と激闘を展開するが、この中で『神皇正統記』を著したのである。親房の経歴や行動、著作物等で知られることは、彼は公家、武家にたいして、きわめて鎌倉的な秩序や様態を求めていたことである。それは彼の出自がそうさせたのである。鎌倉的なあり方から北条泰時等を称賛する。反対にそれに反する行為が行なわれたならば後醍醐天皇をも批判するのである。このような彼の思考からして、社会が大きく転換していくことが理解できず、当時の東国武士を強く批判するのである。

親房の著した『神皇正統記』は天皇の「正統」を問題にしている南朝擁護の書であるが、当時の知識人が書いた天皇制の歴史であり、その「正統」が崩れていくこと(天皇による伝統的な政治形態が無視されること)を述べている点が多々あり、当時の支配者の意識を代弁し、彼らの心中をそれなりに射たものであった。そのためにこの書は南朝側の人たちだけでなく、北朝方を含めて多くの人々を引きつけ、さらに後の世まで歴史書、あるいは教科書として重用されるのである。だが、親房の活動や著書が近代天皇制国家の支配(皇国史観)のために「悪用」されたので、戦後の日本では、親房その人の評価はきわめて低いものになってしまったのである。次の「付論」で述べる後醍醐天皇も同様であった。しかし、現在はそのような評価は払拭されている。歴史上の人物にたいする評価の変転の激しい人物の一人が北畠親房である。

なお、清水亮氏がこの時期の北関東・南奥羽国人の連携について検討されており、「在地領主の被官と南北朝内乱—陸奥国白河結城氏を中心に—」(『埼玉大学紀要教育学部』六三(一)、一～一八頁)を発表されている。大枠においては私と同様な見解である。しかし、これにより国人の被官や連携等について再検討しなければならない点も存在すると思われるが、いずれ再度検討することとして、今回は当初掲載したものをそのまま採録した。

参考文献

磯貝富士男「小山義政の乱の基礎的考察」『小山市史研究』6　一九八四
伊藤喜良「国人の連合と角逐の時代」『中世奥羽の世界』東京大学出版会　一九七八
伊藤喜良『南北朝の動乱』集英社　一九九二
伊藤喜良『福島県の歴史』山川出版社　一九九七
遠藤　巌「建武政権下における陸奥国府に関する一考察」『日本古代・中世史の地方的展開』吉川弘文館　一九七三
佐藤進一『南北朝の動乱』中央公論社　一九六五
中村直勝『北畠親房』星野書店　一九三二
福島県『福島県史1』一九六九
結城錦一『結城宗廣』結城宗廣事蹟顕彰會　厚徳書院　一九四一

付論　捏造と誇張の歴史学——後醍醐天皇像の捏造——

はじめに

冒頭から戦前の歴史学の「亡霊・怨霊」が出現したといって、嫌悪感を持たれる人もおられるかもしれないが、「捏造」「誇張」の歴史学とする特集ならば、次の書籍に登場していただかなければならない。

「後醍醐天皇建武中興の大業は、(中略)足利高氏の反にあひ、遂に土崩瓦解するに至った。惜しみてもおしみても猶餘りありといはなければならぬ。しかるに浅慮刻薄なるかな、世間の君子、彼等は中興の大業の瓦解を惜しむの餘り、其の失敗の原因を中興の御政に求め、究極して後醍醐天皇一人の責に帰し奉らうとする。(中略)大業瓦解の責任を一にこの天皇に帰し奉らうとする予はこゝに再び筆硯を洗って、此の俗説を撃破しようと思ふ(1)」

と書いてあるのは、戦前の日本を席巻した皇国史観にもとづく代表的書である『建武中興の本義』

（平泉澄著）である。この書こそ「捏造」と「誇張」の歴史学の代表的な書籍でもある。後醍醐天皇が無謬で偉大な天皇であることを強調してやまず、また、建武政権の崩壊を「それは天下の人心多く義を忘れて利を求るが故に、朝廷正義の御政にあきたらず、功利の奸雄足利高氏誘ふに利を以するに及び、翕然としてその旗下に馳せ参じ、其等の逆徒滔々として天下に充満するに及び、中興の大業遂に失敗に終ったのである」(2)と論断して、後醍醐は「正しい義のある政治」を行なったにもかかわらず、人民が「功利」を求めるという「正義」でないことに走ったので建武政権が滅んだというように、新政権の失敗の責任は後醍醐の「不徳」にあるのではなく、当時の人々の「不義・不徳」な行動に求めているのである。まさに天皇中心の逆立ちした議論といわなければならない。

平泉の著書が出版されたのは昭和九年（一九三四）のことであるが、この年は「建武中興」六〇〇年にあたるということで国内では多くの行事が行なわれていたし、商工相であった中島久万吉が足利尊氏《たかうじ》を賛美したということを議会で追及されて辞職した年でもあった。しかし、この年からほぼ六十年ほど前に、次のような「意見書」が岩倉具視《ともみ》によってなされたが、それは「天皇の修養についての上中書案」というものであった。その中に後醍醐に関する記述が存在している。

後醍醐天皇の武臣の専横を憤り玉ふや、晨興夜寝の御苦労を不被為厭、記録所を置き、親しく庶政を聴断し玉ひ、万事非常の御精励にて、終に高時を御誅滅被為遊候御事は、誠に古への明君英王にも愧ぢさせられざる御美事に被為在候処、高時滅亡の後は忽ち御驕恣に被為移、万の御政正しからず、初め御精励の御時とは殆ど御別人の御有様にて、従ふて土民の憤怒を招かせられ、終に御南狩の辱しめを受けさせ玉ひ、臣下には正成・義貞等の如き忠真知勇の士も乏しからず候へども、一と度人心を失はせられ候ては、忠臣智士の勤労も泡沫に属し、終に御身は山中に崩じ玉ひ、諸忠臣は空しく各処に戦没仕候て、天下終に高氏の逆焔に風靡仕候こと、誠に嘆息の至に勝ざる御事に御座候。また後鳥羽天皇一旦の私憤に勝へさせ玉はず、無名の軍を興し、反て泰時の為に孤島に崩じ玉ひ、今日に至る迄臣子をして慨嘆悲痛の重ひに勝へざらしむ。[3]

この「上申書」は明治天皇を補導する意見であり、明治七年(一八七四)十二月に岩倉が皇居に参じたおりに差し出したものであるといわれている。[4] その書の主旨は、天皇が国家を統治する根本は、賞罰を厳格に行なうこと、人々の困窮を救うことにあり、もしこのような理念に反したならば謀反を起こす臣下が現われるというのである。このような天子のあるべき姿に反する天皇として引用されているのが後醍醐《ごだいご》天皇と後鳥羽《ごとば》天皇なのである。ことに後醍醐については、倒幕後の政治は倒幕までの天皇と別人のような正しくない政治を行なったことにより、士民の憤怒を招いてとうとう吉野の山中で死去したというのである。岩倉はさらに、後鳥羽や後醍醐に反逆した泰時《やすとき》や尊氏について「謀反を起こしたといっても万民にたいしては暴虐はなく、一方の両天皇は万民に徳政を行なわなかったから謀反が起こったのであるとし、これは天理である」と、尊氏らの反逆の正当性を儒教的な天命思想を基礎にして断罪しているのである。もう一人の維新の元勲伊藤博文も同様な見解を持っていたことが知られる。[5] ところが明治維新の「大物の功臣」である岩倉らの「不徳の天皇である後醍醐」というような見解が完全に否定されて、まったく別の人物像に仕立て上げられていくのが、以後の近代歴史学の中の後醍醐像である。

このようにわずか五・六十年の間に後醍醐天皇像は大きく歪曲されて変化していったのであるが、この事実は歴史学や歴史教育の拭いがたい汚点・「悪夢」として歴史研究の中に残されている。後醍醐天皇像や建武政権がどのように歪曲され「捏造」されていったのか、歴史研究者や歴史教育者はそれについて「史学史」の中で多くすでに検証しているが(6)、現代の政治・社会・思想等の状況からして、この問題についてここで再度検討してみることは無意味ではないと思われる。

ただし、筆者は近代史研究者ではないので不十分な点やあらぬ誤解が存在すると思われるので、その点は御許容願いたい。

1　後醍醐像の転換

岩倉らの考えが、当時の公家の歴史認識に基づいていたことはいうまでもない。公家社会内部において、後醍醐天皇にたいする評価がきわめて悪かったことは、建武政権が崩壊した直後から明治初期まで一貫していた。南北朝動乱期の公家である三条公忠《さんじょうきんただ》は後醍醐天皇の行なった人事はことごとく「物狂《ぶっきょう》の沙汰《さた》」であったとし、後代の人が後醍醐の行動を先例とすべきでないと厳しく批判しているのである(7)。また後醍醐は公家社会のいかなる先例も無視して「朕《ちん》が新儀は未来の先例」

（『梅松論』）といって、当時において嫌われていた「新儀」（先例や秩序を破ること）を振りかざし、先例、家格、官位相当など、公家に最も関心がある秩序をまったく踏み付けて専制政治を行なったことが知られている。(8) このような後醍醐の政治姿勢については当時の記録や書籍などに多くみられるところである。

後で述べるが北畠親房《ちかふさ》も『神皇正統記《じんのうしょうとうき》』の中で強く批判しているのであり、北畠顕家《あきいえ》が死去する直前に後醍醐へ送った「諫奏状《かんそうじょう》」にも厳しい批判が存在している。公家社会の秩序観を逆撫《さかな》でした後醍醐の政治は、以後の公家社会の中で不徳の天皇として存在し続けたのである。公家社会の中で生きた岩倉具視の意見は当然というべきものであったといえる。幕府側の後醍醐論も同様であった。江戸時代における後醍醐にたいする評価についても論ずべき点があるが省略する。

厳しく批判された後醍醐天皇にたいする評価が大きく転換していくのは、日本の近代国家＝明治憲法体制の成立過程を抜きにしては語れないであろう。王政復古の後、宮廷改革が行なわれたことが知られている。宮中と太政官《だじょうかん》の一体化をめざし、天皇親政が出発し、その後の多くの布告に親政が強調されている。しかし一方で新政府の政策決定は公議《こうぎ》世論《よろん》たる太政官で行なわれており、天皇はその決定を「裁可《さいか》」するのみということも多く、天皇親政という建て前のもとに太政官による政治が行なわれたのである。しかし太政官を中心にした政治・政策決定については、政府内部にも不満をもつ集団もあり、天皇中心の親政を強力に推し進めるべきであるとするグループも存在していた。

このグループは元田永孚《ながざね》・佐々木高行らの天皇の修学を受け持つ侍補《じほ》の集団であった。(9) 彼らは儒教道徳を重視し、儒教を「国教」にして、それを根幹に全国を統治すべきであると主張したという。そして、政府から独立して、独自に天皇を補佐して天皇親政を確立しようとする天皇親政運動を展開したことはよく知られているところである。侍補は儒教思想にもとづいての天皇への修学であるから、その修学は「徳のある君主」を育てるという「君徳培養《くんとくばいよう》」が主眼であった。

侍補グループの天皇親政運動は頓挫する。すなわち天皇について、儒教的な天を中心とする位置づけ(天皇の徳・不徳の評価)はみられなくなっていくのである。だが注目すべきは、この運動を通して天皇が明確に政治の主体として躍り出てきたのであり、大臣や参議の上に立ち、政策決定に大きな影響を与えるようになったとされている。(10) この後、内閣制度が成立し、明治憲法が発布されるに及んで天皇の地位は「絶対的なもの」へ変化していったのである。

天皇の絶対的権威を強調するような説はすでに水戸学の中に「君臣上下の名分論」として存在していた。だが、王政復古直後に京都府下に発せられた告諭《こくゆ》に「此国にあるとあらゆる物、悉く天子様の物にあらざるはなし。生れ落ちれば、天子様の水にて洗ひ上られ、死すれば天子様の土地に葬られ、食ふ米も衣る衣類も笠も杖も、皆天子様の御土地に出来たる物にて(11)」などとあるが、ここに述べられていることは天皇の絶対化を説く典型的な「王土王民思想」である。日本は古代より、天命思想と王土王民思想が王権の中核をなすイデオロギーとして知られているが、明治初期に、天皇の絶対化に道を開くような王土王民思想が存在していたことも注目しておかなければならない。以後、政府の地方支配にこの思想が活用され、「一尺の土地、一人の民もみな天子様のもの[12]」が強調されたという。天命思想と王土王民思想が相変わらず生きているのである。日本の王権を支える思想として、天命思想と王土王民思想が混然一体化して存在していたことは知られているところである。

岡部牧夫氏によれば明治憲法体制は、国家の主権とその淵源を天皇および天皇制自体に求めていることより、絶対君主制であったとしているが、その根拠について、「告文・憲法発布勅語・上諭等」を検討して、「日本の国家主権は永遠の昔から一系的に天皇の独占するところであり、爾余の「臣民」は先祖代代その支配に服するよう歴史的に運命づけられている、との壮大な虚構が明治憲法の法源をなしていたと言える[13]」と断言している。岡部氏の検討から明治憲法の法源はかつての王土王民思想にきわめて近いものであるといえる。もはやここには「徳・不徳」によって天皇を「あれこれ言う」余地はなく、天皇は「不可侵」のものとして、歴代の天皇を批判することも禁句となっていくのであり、国民は天皇への絶対的忠誠を求められるようになっていくのである。

このような明治憲法制定の動きを見ると、後醍醐天皇は「王政復古」をなし、「天皇親政」を行なった天皇であり、明治天皇が行なったことを、歴史上でかつてなした天皇であることにより、後醍醐を「不徳な天皇」として批判することは、「現天皇の支配」を批判することになり、時の政府にとってきわめて不都合なものとなるのである。むしろ後醍醐を「美化」することこそが必要となっていったのである。岩倉らの後醍醐批判は消えていき、逆に「美化」が始まるのである。それは天皇絶対化のためにどうしても必要なことであった。

前述のような政府内部の動きに対して、『東京横浜毎日新聞』は明治十四年(一八八一)四月七日に「帝王は神種にあらず」との社説[14]を掲げ、「帝位は神聖なり、皇帝は神種なりと」言うものがいるが、これは野蛮人の言うことであり、社会に害を与えるものである。それゆえ断固この妄説を排しなければならないとの論陣を張り、政府派の「尊王論」と対峙しているが、このような論調も自由民権運動の衰退とともに消えていくのである。

2　教科書の中の後醍醐像

国民の間には「天皇の絶対性・神聖性」などということについての関心はきわめて薄かったのが現実であったので、「人民告諭」などということを行なったが、もっとも重要なのは、教育を通してこのような意識を国民の中に浸透させることであった。この頃の教育は後醍醐天皇をどのように扱っていたのであろうか。

明治十六年(一八八三)七月に出版された『小学国史紀事本末』[15](椿時中編纂)という書籍がある。これは「伊勢の人椿時中が編している。明治一五年に版権免許を得たものである。明治一四年(一八八一)小学校教則以後に刊行された小学校歴史教科書である」とされている。ここには「後醍醐の失政」なる項目が立てられていることが注目される。そこには「帝意又頓に驕満し、賞賜度なく、婦女嬖臣多く食邑を領す、而して有功の将士は寸地を得す、帝又大に土木を興し、遊宴に耽り、用度足らす、始て楮幣を造る、藤原藤房笠置以来駕に従ひ、尤も艱難を極む、是に至り数々諫れとも従はれず、歎いて曰、臣たるの道、吾に於て盡きたりと、遂に官を棄て去る」とあり、後醍醐の政治を厳しく批判して叙述しているのである。

また明治十六年(一八八三)九月に文部省から刊行された『小学読本中等科巻一』[16](師範学校編輯)の「第十八課其五」に、「後醍醐天皇、既に北条氏を滅ぼし、一たひ大権を恢復すと雖も、惜らくは、尊氏を寵し、賞功當らず、漸く宴遊を事とし、藤房の諫を聴かざりしを以て、天下囂然として、復た武門の治を思ふ」とあり、上述の『小学国史紀事本末』と同様な記述がなされているのである。この書籍は読本であり、教科書ではないが、文部省から刊行されたものにも後醍醐天皇の批判が載せられており、さらに明治二十年(一八八七)五月出版の『小学校用歴史第二』においても、さらに詳しく後醍醐の「失政」について述べている。[17] これらのことから天皇の絶対性や「不可侵」とはまだかかわりがなかったことに注目したい。

ところが「教育勅語」が発布(明治二十三年、一八九〇)された後に、「小学校教則の大綱」が決められて「尊王愛国」の趣旨が強くなり、この大綱により歴史の教材も統一するようになったとされている。明治二十五年(一八九二)六月刊の『帝国小史』[18](山縣悌三郎著)はこの趣旨に従って、「建国の体制、皇統の無窮、歴代聖主の盛業等」を知らしめるために著したとしている。ところがこの書には、後醍醐天皇に関する叙述はほとんど見られず、建武政権の成立から南北朝動乱の主役は「忠臣」であった楠木正成《まさしげ》・正行《まさつら》父子になっているのである。後醍醐への批判は消えているが、ほとんど無視されていることが特徴である。二十六年(一八九三)出版の『小学校用歴史』[19](金港堂)もまったく同様であった。明治三十三年(一九〇〇)になって、楠木正成・正行とともに、ようやく項目として後醍醐天皇が立てられるのである。なお、二十五年(一八九二)に起こった久米邦武事件(次節で述べる)までは、小学校の歴史教育では、神代は歴史ではないとして、記紀の内容にはよらないこととし、考古学研究によって示された史料によって神武以前を述べるようになっていたとされている。[20]ところが神代は「国体思想」を普及させる教材に大きく転換していくのである。

国定歴史教科書が登場してくると、項目立ても大きく変化してくる。まず南北朝期の叙述の中心人物として、楠木正成から天皇中心の記述となってくることに注意しなければならない。明治三十六年(一九〇三)から始まった国定教科書『小学歴史二』[21]によれば、項目として「建武の中興」が現われ、「久しき間、武家の私したりし政治は、朝廷に返り、朝廷の威光は、ふたたび盛んになれり」と書かれており、これ以前の「北条氏亡ぶ」において「後醍醐天皇は英明な御方にましまして」という記述がなされている。ここには後醍醐を称える言辞がならび始めるのである。しかしそれでも「尊氏は、おのれ、みずから、幕府をおこさんとの大望を抱き、たまたま、朝廷の賞罰公平を失ひて、不平の武士出づるに及び、つひに、鎌倉によりて謀反せり」との、後醍醐天皇にたいする批判的文言も残されていた。明治十年代から三十年代までの歴史教科書における後醍醐天皇の記述を追うと、十年代は「批判」、二十年代は「触れず」、三十年代から「称賛」が始まるというような構図になるといえる。教育における後醍醐の評価も二十年代を境に大きく転換していったといえよう。

明治四十年代に入ると、いよいよ「南北朝正閏問題」が起こってくるのである。(22)「南北朝正閏問題」はよく知られている事件であるが、大逆事件の直後に起こった「国体」にかかわるものとして、政治的な大きな事件となったものである。この事件の発端は明治三十六年(一九〇三)に発行された国定教科書にあった。そこには「同時に二天皇あり。吉野の朝廷を南朝といひ、京都の朝廷を北朝といふ」と書かれていることと、文部省が明治四十三年(一九一〇)秋に開いた講習会で教科書編者であった喜田貞吉の見解に一部の者が反発したことから始まった。大阪出身の議員藤沢元造なる者が次の年二月、「文部省の編纂に係る尋常小学校用日本歴史は国民をして順逆を誤らしめ、皇室の尊厳を傷け奉り、教育の根底を破壊する憂ひなきか」との「国体思想」による質問書を帝国議会に提出し、政府の責任を問おうとしたことにより、政友会と国民党の政争となったのである。

この問題の結末は、歴史教育の教科書としては問題があるとして、政府は編者の喜田貞吉を休職にし、南朝を正統とすることで政治的危機を押さえ込んだのである。この結果、歴史教科書はさらに大きく変化していく。「南北朝正閏問題」後の教科書は周知のように、南北両朝を認めることは誤りであると政府が決定したことにより、「南北朝」という項目が「吉野の朝廷」となり、さらに大正九年(一九二〇)以降の教科書は後醍醐とその「忠臣」礼賛のオンパレードとなるのである。

明治初期の歴史の教科書は天皇を決して神聖視しなかった。天皇の「失政」についても堂々と書き、「不徳な行為」は強く批判している。しかしそれが短期間に、政府の政策・方針によって、その人物像・歴史像を大きく変えさせられるということは、今日でも深く考えて見なければならない問題であろう。

3　「事実」より「大義名分」を

「南北朝正閏問題」は歴史学界にも衝撃を与えたが、まだこの段階では、「学者は勝手に研究すればいい」というような雰囲気が多少あり、政府が土足で南北朝研究に踏み込んでくるような状況ではなかった。ただこの問題が起こる二十年ほど前に自由な学問研究を妨げた「久米邦武事件」が起こっている。

この事件は東京文科大学教授久米邦武が『史学会雑誌』第二篇二三号―二五号（明治二十四年、一八九一）に掲載された「神道は祭天の古俗」なる論文にたいして、名分（国体）史観派が天皇制を批判するものとして一斉攻撃をし、久米が大学を追放されるという事件であった。この論文は三種神器を祭天の具とみなしたり、新嘗祭・大嘗祭を東洋の古俗で天を祭るものであり、伊勢神宮や各神社も同様であったと論じて、大義名分史観派の感情を逆撫でしたのであった。「臣民たる者の当に之を口にし之を筆にするべからざるは、事の皇室に関するものなり。然るに方今の学者中には、往々学術上の講究を名として、牽強傅会敢て天皇の祖先を議し奉り、三種の神器を蔑視し、不敬を太廟に加へんとするものあり」(23)とするような非難が典型的なものであり、彼らは政府に働きかけて、久米を休職(後に免官)にして、『史学会雑誌』等を発行停止にするのである。この事件については、多くの史料にもとづいて『日本近代思想大系　13』が詳しく論じている。

久米は重野安繹などとともに修史事業にかかわり、徹底した実証を根本原則とし、史料の蒐集を行ない、帝国大学教官として、実証主義史学を先取りした歴史学者であった。久米は『太平記』は事実の誤りが多いとして「太平記は史学に益なし」とする論文を『史学会雑誌』に発表したことで有名であるが、重野もこの点では徹底していた。重野は『太平記』を典拠にした記述をしている『大日本史』等を徹底的に批判し、『太平記』の誤謬を鋭くつく講演などを行なったりしているが、名分(国体)史観にたいしても、「歴史を持って専ら名教を維持し道徳を養成するものとなし、忠臣孝子の事蹟を稗史野乗に拠りて書き著はすは、殆ど宗教主義と同様にて、之を推せば、法華僧徒の滝の口御難を主張するも無理とは謂はれず(24)」と述べているように、歴史を儒教のような忠臣・孝行の道徳の涵養とすることは宗教と同じであると、強く非難しているのである。しかし、名分史観派の反撃にあい彼らは東京帝国大学を追われるのである。

この事件の翌年、修史事業である『大日本編年史』は文部大臣井上毅によって中止された。しかし歴史編纂の重要性は認識されていたので、明治二十八年(一八九五)に東京帝国大学に史料編纂掛が置かれ、三上参次や田中義成らが任命され、田中が中心となって、明治三十四年(一九〇一)に『大日本史料　六編之一』が刊行されたのであるが、周知のようにこの「編」は南北朝時代が対象であり、以後一貫して現在まで、南朝と北朝を並列的に扱っていることは評価すべきであり、この時点の歴史学界では何の問題もなかった。田中は東京帝大の教授となっていくのであるが、彼については後に触れるとして、その後に起こった、南北朝正閏問題とその前後についての史学界の状況を見ておこう。

南北朝正閏問題は、教育の問題として「高みの見物」という立場をとった研究者もいたが、積極的に喜田貞吉を擁護するものもいた。井上哲次郎らの南朝正統論者に対抗して、吉田東伍は「北朝が正統なり」との論文を発表し、また早稲田大学に転じていた久米邦武も「南北朝問題の根本的疑義」を発して世に問い、三上参次・浮田和民など、総じて学界では「南北朝対立」と見なすべきであるという見解が強かった。この南北朝正閏問題までのこの期の天皇制についての諸氏の論点を見ると、南朝正統説を唱えるものも、大義名分からして南朝を正統とするものであり、天皇制一般の問題として検討していたのである。後醍醐天皇個人を云々するような問題ではなかった。この問題が起こる二十年ほど以前であるが、君臣の大義を強調する水戸学の士内藤耻叟は、楠木正成を称える演説で、「楠公、始め元弘元年の八月召に応じて笠置の皇居に参ぜしより、(中略)是皆公の忠戦功烈にあらざるはなし、然るに、畏くも聖主の寵任は、遥かに新田、足利の下に出で、僅かに名和、赤松の徒と列を同じくして、官検非違使、左衛門尉に過ぎず、公をして自から其功状を按じ他の武官に比校するの念あらしめば、其不平の憤果していかんぞや、然るに公に於ては、一毫も不平の念なく」(25)と、後醍醐の恩賞の不公平なることを指摘しているのである。明治時代には大義名分派も含めて、後醍醐の行為を称賛する機運はあまり強くなかったと指摘することができよう。

久米邦武が早稲田大学で講述した『南北朝時代史』が大正五年に早稲田大学出版部から発刊された。緒言において、歴史を儒学の勧懲《かんちょう》の供にせず、国家や社会の進歩・発達を論じたいとし、ことにそれを南北朝期にとり、『太平記』などを除いた正確な史料を用いて論ずるとしている。このような叙述方針にもとづいて実証的に南北朝動乱を検討し、鎌倉幕府の滅亡、建武政権の成立、その崩壊等について詳細に述べている。この中で久米は後醍醐の恩賞の処分、国司・守護の補任、政権運営等について詳しく検討した後、「帝の改革は物狂はしと評され、(中略)例規の中に組織されたる貴族の改革は、是さへ非常の困難感じたるに、国司を興し守護を支配し、公武合体の新政を試みるには、意外なる圧力を受けて頓に破壊されたり」と、建武政権を客観的に論じており、また現代のわれわれは、後醍醐の政治を「物狂の沙汰」などと概括しているが、その「物狂」なる批評も紹介しており[26]、久米の研究は戦前の南北朝時代研究の最高水準を示すものといえよう。

佐藤進一氏をして、「田中以前にかえれ[27]」と叫ばせしめた田中義成は、前述したように東京帝国大学で史料編纂とともに南北朝時代史を講義してきたが、彼が死去した後に、その講義をまとめて出版された『南北朝時代史』(明治書院、大正十一年、一九二二)には、時代の名称を「学術的には、この時代を称して南北朝時代と云ふを至当とす」と断言しており、さらに「吾人が歴史を研究する上に、大義名分の為に、事実を全く犠牲に供する必要を見ず、必ずや事実を根拠として論ぜざるべからず[28]」と、大義名分論者を厳しく批判しているのである。また「中興政治の失敗」について、「中央政府の政治に至っては、或は賄賂により、或は縁故をたより、依怙の沙汰をなして、朝令暮改の有様なりしかば、天下の土民は生命財産の安寧を保つ能はず、再び武家政治を思慕するに至りぬ」[29]と、紛乱顛倒をきわめた建武政権の失政を歯に衣を着せずに論じているのである。また、尊氏についても、「尊氏論」なる一章を立てて、武将としての「器の大きさ」を指摘している。だが、世の中の風向きが大きく変化してきたことが、歴史学に影響が及ばないということはありえなかった。田中は文学部長上田万年の圧力に屈して、講義の名称を「南北朝史」から「吉野朝」に改めたという(同書の三上参次による巻頭言)。佐藤氏は、これは名分論史家によって歴史学が犯される始まりであったという。

大正時代は名分論史家が大きな影響力を発揮してはいたが、完全に学界を牛耳るというほどではなく、「逆賊高氏論」も、声高に叫ばれてはいたものの、学界の内部では、尊氏を正当に評価する見解もないではなかった。事実、辻善之助は大正六年(一九一七)「足利尊氏の信仰」[30]という論文で尊氏を称えており、また中村直勝も大正十二年(一九二三)に発表した「「人」としての足利尊氏」[31]で、「尊氏を逆賊の尊氏と考えずに、一個の人間として、……彼の行為を観たい」とし、彼の行動を分析して彼を好意的に描くとともに、後醍醐天皇の親政についてその時代の政治状況をみた上で、「天皇親政―それは当時においては進み過ぎた考えであった。時世より遥に進んだものであった。歴史の結果に之を求めるならば天皇の此理想は、明治天皇に至って始めて実現されたものであった。然らば後醍醐天皇の頭は、其の時代とは進みすぎて居つたと言ひ得よう」と、後醍醐批判とも受け取れる結論にいたっているのである。このような論が氏の『南朝の研究』に掲載されたのは昭和二年(一九二七)のことであった。

しかし、大正十五年(一九二六)に平泉澄が東京帝国大学で中世史を担当するようになると、状況は大きく転換していった。帝大国史学科教授の黒板勝美の『更訂国史の研究各説下』(昭和十一、一九三六年刊)によれば、後醍醐天皇の「皇家中興政治」が失敗に終わったのは、国民が真の国体の姿(天皇親政)を理解しなかったからであると断じているが[32]、このような見解は思想的には前述した平泉澄の見方とほとんど同じである。ただ古文書学の基礎を築いた黒板の方が実証的であると言う点は異なっているが。

ここに良心的歴史学者の受難の時代にいたるのである。中村直勝が「私の従来の考察が不十分であり不完全である事に心付いたからである。……近頃、如何にも其の所論に不満を感じたのであった。それ故に、それらの私の謬見を訂正しよう[33]」との、自己批判するのはわずか十年足らず後のことであった。著書の題名も『南朝の研究』から『吉野朝史』(昭和十、一九三五年刊)に変えているのである。このような中、魚澄惣五郎は昭和八年(一九三三刊)に『南北朝室町時代史』を上梓して名分論に屈しない気骨あるところを見せている[34]。またその内容も実証的であり、きわめて水準が高いものである。

しかし皇国史観による「後醍醐聖帝の御理想」の大合唱はとどまるところを知らなかった。平泉らの大義名分論史家の歴史は、まさに歴史の捏造であった。この点について詳細に検討しなくてもよく知られていることであるが、二・三触れておけば、もっとも問題なのは「聖帝後醍醐」に都合の悪い史料を徹底的に無視したことである。名分論史家が好んで引用した書物が北畠親房の著した『神皇正統記』である。ところがこの書をきわめて恣意的に引用するのである。親房は君臣関係、国家の秩序の正しいあり方、正しい政治について種々論じており、彼にいわせれば、正しい政治を行なうためには官にはそれにふさわしい人材を登用すべきであるとか、臣下に恩賞を与えるときには勝手気ままにしてはならないとか、功績のあるものは必ず賞し、罪あるものは必ず罰しなければならないというようなことをくどくどと述べているが、これらの「正しくない政治」を行なうことを「謬挙《びゅうきょ》」といって、親房は後醍醐天皇を厳しく批判しているのである。[35] 建武政権が崩壊した理由を親房なりに整理して、彼の信念に基づいて後醍醐の政治を強く批判しているにもかかわらず、名分論史家はこれらの点を決して触れようとしない。ではどこを引用するのかと言えば、親房が武士を批判している部分(ただし、北条泰時などを称賛しているところは無視している)、尊氏に関して述べている叙述を拡大解釈して、「綿密なる新研究」[36]と称しているのである。『太平記』についても同様であった。ほかの史料に関しては「推して知るべし」である。

名分論史家平田俊春の『吉野時代の研究』(昭和十八、一九四三年刊)は、田中義成を口をきわめて論難しているが、そこで平田は「田中博士の議論は大義名分に於いての欠陥のみならず、学問上に於きましても根本的な誤謬を冒されてゐると思ふのであります。(中略)田中博士が斯かる重大な誤りに陥られた根本原因は歴史の研究に於いて単なる事実をのみ重く見られ、ために大義名分を軽んずるに至ったことによるのであります[37]」と、歴史の研究は事実を見ることではなく、大義名分(天皇を中心とする君臣の秩序）を中心に考えるべきと述べていることは、皇国史観の「真骨頂」を示しているのである。もはやここまで来れば研究や学問ではなく、狂信的な天皇中心の観念の世界に遊んでいるだけの「雑文」である。だが、この狂信的な「皇国思想」が、日本や世界の人々に甚大な被害を与えた「神国」日本のアジア侵略の思想的な梃子の一つとなったのである。

おわりに

戦前における「後醍醐天皇の虚像」は国家ぐるみで捏造されたものである。それは政治・教育・学界等が複合的に寄り集まって、近代の天皇制絶対国家を維持するための重要なイデオロギーとして、後醍醐天皇を「虚飾」していったのである。五百年以上にわたって、明治維新まで続いてきた後醍醐に対する「物狂の沙汰」（悪王・不徳な君主）という評価は、わずか数十年で「称賛」の時代に入っていくのである。時代の歴史像や人物像をどのように描くかは、歴史学においてもっとも重要な問題であり、この描き方により、国家や社会への影響が大きく、それによって社会などが変化もしていく。後醍醐天皇像、建武政権の評価は近代天皇制国家の政治的意図やイデオロギー操作によってねじ曲げられ、「捏造」されたが、この「捏造」が国内に及ぼした影響は大きく、また戦争やアジア諸国への侵略と密接つながっていたことはいうまでもない。歴史学が侵略のためのイデオロギーともろに結び付いていたのである。

後醍醐評価の転換の理由は、根本的には天皇制国家の支配維持のためということになるのであるが、このような「捏造」を阻止する道はあったのであろうか。当時の状況からしてかなり厳しかったと考えられるが、ほかの学問分野に見られた「学問研究にたいする国家の弾圧」にたいしての抗議行動が、歴史学界では、明治時代の久米邦武・喜田貞吉がかかわった事件以後、ほとんど見られなくなったのはどうしたことだろう。

その理由は歴史学(殊に日本史、当時は国史といった)が、国民を支配するための支配イデオロギーの中核に据えられ、国家統合・アジア侵略等の片棒を担いだからである。天皇制を「称賛」し、日本民族を「優秀な民族」と位置づけ、日本国を「神国」と美化するためには、どうしても「歴史学」を必要としたからである。このようなことをするために、歴史的事実を無視し、「捏造」し始めた歴史学界には、政府批判の力はなかった。そして「捏造」の推進舞台を提供したのが、東京帝国大学国史学科であった。国史学科の責任はきわめて重い。しかし一方、「南朝・北朝の並立とする編纂」を最後まで棄てなかった同大学の史料編纂所は研究者の良心を守り切ったといえよう。(38)

（1）平泉澄『建武中興の本義』(至文堂、一九三四年)一七九頁。
（2）同、三一一頁。
（3）『日本近代思想大系2　天皇と華族』(岩波書店、一九八八年)。
（4）同前『日本近代思想大系2　天皇と華族』の「解題」による。
（5）「太政官を宮中に移すとの上奏」(同前『日本近代思想大系2　天皇と華族』所収)

（6）　岩井忠熊「近代日本の後醍醐天皇像」（『近代天皇制のイデオロギー』新日本出版社、一九九八年）等を参照されたい。

（7）　『後愚昧記』（『大日本古記録』一）応安三年三月十六日条。前内大臣三条公忠は、この夜に大臣節会が行なわれたと記した後、勧修寺経顕が内大臣になったことを「名家の輩が大臣になるとはけしからん」と強く批判し、このようなことがなされるのは後醍醐天皇が「天下一統」したとき、故吉田定房を「乳父の労」に報いるためにやった先例を追ったものであるとし、「後酉酉（後醍醐）院御行事、不限此一事、毎事物狂沙汰等也、後代豈可因准哉」と、後醍醐の行なったことはすべて「物狂沙汰」であるといっているのである。

（8）　建武政権については、佐藤進一『南北朝の動乱』（中央公論社、一九六五年）、伊藤喜良『中世国家と東国・奥羽』（校倉書房、一九九九年）等を参照されたい。

（9）　この集団にかかわる書籍はかなり多いが、安田浩『天皇の政治史』（青木書店、一九九八年）をあげておく。

（10）　同前、安田浩『天皇の政治史』。

（11）　「京都府下人民告諭大意」（前掲『日本近代思想大系2　天皇と華族』所収）。

（12）　「奥羽人民告諭」（前掲『日本近代思想大系2　天皇と華族』所収）。

（13）　岡部牧夫「明治天皇と昭和天皇―戦争責任の法的形態」（『歴史評論』四七四号、一九八九年）。

（14）　『東京横浜毎日新聞』明治十四年四月七日社説（前掲『日本近代思想大系2　天皇と華族』所収）

（15）　『日本教科書大系』第一八巻（講談社、一九六三年）所収。

（16）　『大日本小学教科書綜覧』読本篇　第一巻（小教編纂所編、一九三二年）所収。

（17）　『日本教科書大系』第一九巻（講談社、一九六三年）所収。

(18) 右同。
(19) 右同。
(20) 海後宗臣『歴史教育の歴史』(東京大学出版会、一九六九年)八四頁。
(21) 前掲『日本教科書大系』第一九巻、所収。
(22) この事件も関連論文が多い。とりあえず山本四郎「南北朝正閏問題について」(『史林』五六巻三号、一九七三年)をあげておくが、同論文に多くの関連論文が掲載されているので参照されたい。
(23) 「国家の大事を暴露する者の不忠不義を論ず」(『国光』三巻九号)、『日本近代思想大系13　歴史認識』(岩波書店、一九九一年)所収。
(24) 「川田博士外史弁誤の説を聞きて」(『史学会雑誌』六号)、前掲『日本近代思想大系13　歴史認識』所収。
(25) 「楠公忌辰演説」(『史学協会雑誌』二四号)、前掲『日本近代思想大系13　歴史認識』所収。
(26) 『南北朝時代史』三二九頁。
(27) 日本の歴史9『南北朝の動乱』(中央公論社、一九六五年)八頁。
(28) 前掲『南北朝時代史』一〜二頁。
(29) 右同、九五頁。
(30) 『史学雑誌』二八巻九号。
(31) 「大阪朝日新聞」大正十二年(一九二三)正月一・二日に掲載したものを、増補修正を加えて『南朝の研究』(星野書店、一九二七年)に採録した論文である。
(32) 『更訂国史の研究』各説下(岩波書店、一九三六年)六頁。
(33) 『吉野朝史』(星野書店、一九三五年)一四四頁。

(34)『南北朝室町時代史』(国史講座刊行会、一九三三年)。
(35) 北畠親房の後醍醐批判については、伊藤喜良著『東国の南北朝動乱』(吉川弘文館、二〇〇一年)九三頁以下を参照されたい。
(36) 平田俊春『吉野時代の研究』(山一書房、一九四三年)平泉澄の「序」。
(37) 同右、一四三〜一六〇頁。
(38) ただし、戦前における六編の刊行は一九三七年(昭和十二)までであり、その後一九五二年(昭和二十七)まで刊行されていない。

〔追記〕 本章は、『歴史評論』六五一号(二〇〇四年七月)、「特集「捏造」「誇張」と歴史学」に掲載したものである。この特集の趣旨は、歴史学上の「捏造」や「誇張」に対して、近代以降、歴史学界は具体的にどのように関与してきたのであろうかとし、歴史認識(「誇張」と「捏造」の遺産)を再点検しようとするものであった。現在においても、ある一定の思想を持った人たちによって執筆された日本歴史や教科書のなかに、「捏造」や「誇張」がなしとは言えない。殊に天皇崇拝については注意を要する。

おわりに

『動乱と王権』などという少し古風なテーマで本書をなした。「南北朝動乱」や室町時代の公武関係等の研究(権力にかかわる研究)は現在でも盛況である。だが「王権」(天皇制)に関する研究はやや下火である。現在において、天皇の観念的権威にかかわる「王権」問題は、一部の人たちが強調する「日本の伝統」などという「あいまい」な語句に吸収されてしまい、天皇制の本来の姿が幻化しているようにもみられる。私は長年にわたって「王権」にかかわる直接・間接的な問題について興味を持ち、検討してきたのであるが、福島大学を定年退職するおりに「中世天皇制研究の軌跡—研究をふりかえっての所懐—」(『行政社会論集』第二一巻第四号)との演題で最終講義を行ない、これをもって自分の研究を総括したつもりであった。その最後において、「現在では象徴天皇制について、憲法の条文を厳密に守り続けることが重要である。(中略)しかし、歴史を研究してきたものの危惧として、日本社会の中には天皇にたいして法の条文とは異なる意識・心理・観念等が存在していることも事実であり、このような天皇・天皇制にたいする意識は千数百年にわたる長い期間にわたって蓄積されてきたものである。それゆえ法の条文解釈では律しえない問題も存在している。かつて儀礼的とみられたり、後醍醐天皇のように強く批判されたような存在であった天皇が一朝にして強力な君主となったことを忘れてはならない（この点は本書の付論で触れた）」というようなことを強調して最終講義を締めくくった。

退職の後、少し体調を崩したりしている間に、「中世奥羽」にかかわる問題の方に主要な関心が移り、もはや「王権」研究などに関与することはないと思っていた。ところがかつて出版した『後醍醐天皇と建武政権』（新日本新書）が、本年吉川弘文館より「読みなおす日本史」として復刊されることとなった。ところがこの書籍の再刊のためにこれを再読している過程で、かつて成した動乱や王権に関する論文を上梓したいと強く思うようになり、高志書院さんにお願いして出版していただくことになったわけである。

中世史研究者の世界では現在、天皇制の研究は前述したように多くの論文が成されているような状況ではないといえるが、現在の天皇制（皇室のあり方など）については注目すべき事態が起こっている。私も中世「王権」を研究してきたので、現在生起している問題には無関心ではいられないことは当然である。現在もっとも問題となっているのが「皇位継承のあり方」である。そのために有識者会議なるものが置かれて検討されているという。その検討の具体的内容は、男性天皇を維持するために男性皇族数をいかに確保するかという点が主要な議題であるとされている。私も現憲法が続く限り、天皇は必要であると思うし、憲法は護るべきであると思う。しかし、憲法に規定された国事行為を行なう天皇は男性でなければならないとする必然性はないと考えている。男女平等が憲法の理念だからである。それゆえ、男女を差別するべきではなく、天皇について女性天皇・女系天皇を認めるべきだと思っている。女性の天皇を認めたならば、現在の天皇家一族には多くの女性がおり、男性皇族数「うんぬん」などという議論は必要ないであろう。ましてや国民の八〇パーセントほどは女性が天皇になることを容認しているという調査結果もあることより、「旧宮家の復活」などという亡霊の登場もありえないことであろう。このように男性天皇でなければならないとしたり、「旧宮家の復活」などという議論が出現するのは天皇の観念的権威の問題が深くかかわっており、天皇を「象徴天皇」から「元首」あるいは「戦前のような天皇」に位置づけようとする人々の強い意向があると推測している。

次に世上をにぎわして、宮内庁を巻き込んで話題となっているのが、秋篠宮家の真子さんの結婚問題である。このことも「皇位継承」や観念的権威の問題とも関連しているようにみられる。真子さんが強く望んでいる結婚相手の男性への批判が強いが、それは天皇家一族の未婚の権威ある「聖性」(血統)を持った女性の「婿」としては相応しくない、次々期天皇と義理の兄弟となるのは「不愉快」である等々が理由のようである。真子さんの結婚は天皇家の権威を踏みにじるものと映っているようであり、一部の人たちはこの結婚に大反対なのである。結果はどうなるか分からないが、真子さんも天皇家一族といえども普通の女性であることより、自分の幸せのために自由になさったらよいのではと私は思う。ただし真子さんの「一時金」の問題は残ると思われるが。

中世の「王権」にかかわる研究をしてきて、現在における天皇家にかかわる一部の案件について、まったく触れないのは如何と思い感想を述べてみた。本書において度々登場した後醍醐天皇は強烈な意志に基づいて新しい権力形態を追い求めたのであるが、そのとき「朕の新儀は未来の先例」と述べたという。現代においても「男系天皇が伝統」というような戯言を排して、「新儀」たる男女平等の皇位継承を行なうことが必要ではないかと思う。またこのような行為は「物狂の沙汰」と一部の人が声高にいうかもしれないが、如何であろうか。なお、「物狂の沙汰」でも、「旧宮家の復活」などという亡霊の登場は願い下げにしたい。

本書で論じた「王権」にかかわって、「王土王民思想・神国思想」(『講座前近代の天皇』4、青木書店、一九九五年)、「王権をめぐる穢れ・恐怖・差別」(『岩波講座天皇と王権を考える』7、岩波書店、二〇〇二年)があるが、両者共に平安時代が論文の中心時期であり、本書が検討した時代である南北朝・室町期とかなり離れていたことより採録しなかった。本来は一括して採録すべきであると思っているが、いずれなんとかしたいと考えている。

突然の思い付きのような形で高志書院の濱久年氏に出版をお願いしたところ、御快諾くだされた。また私は性格が「ずぼら」なので、構成やテーマ、文体等に「穴」がたくさんあったが、それを濱氏は丁寧に埋めてくださった。深く感謝申し上げる。

現在、コロナは自然災害クラスで「自分の命は自分で守れ」などと、政府や都の関係者が危機感を強めて叫んでいる。まったく中世の「自力救済」の世界のようである。だが政府は対策が後手後手であり、「超特大イベント」でお祭り騒ぎをしたうえに、「楽観論」をふりまくようなことを行なっている。これは自然災害ではなく、政府による「悪夢のような」人災ではないかとの厳しい批判が多くの人たちからあがっている。私も福島に籠っているが、早く普通の生活に戻り、普通に飲屋で酒が飲めるような状況になることを望んでいる。

二〇二一年八月一五日

〔追記〕「おわりに」を書きおわった半月ほど後の九月上旬、多くのマスコミにより真子さんの結婚の件が報じられた。現在報道が途中であることより、事実かどうか推察しかねるが、伝えられる報道によれば、結婚のためのさまざまな儀式は行なわず、また天皇家からの離脱にともなう「一時金」贈与も辞退し、結婚生活は日本を離れてニューヨークで行なうというものである。もしこれが事実であるとするならば、「皇室の尊厳を傷つける行為」であると一部の人たちから非難されるであろうと思われるが、真子さんがこのような「先例」を無視した「新儀」を行なうことについて注目しないわけにはいかない。「彼女の幸あるように」と祈る。（九月二〇日）

【著者略歴】

伊藤喜良（いとう きよし）

1944 年、長野県に生まれる。
1974 年、東北大学大学院文学研究科博士課程修了。
現　在　福島大学名誉教授、文学博士。

【おもな著書】
『日本中世の王権と権威』（思文閣出版）、『中世王権の成立』（青木書店）、『中世国家と東国・奥羽』（校倉書房）、『東国の南北朝動乱』（吉川弘文館）、『足利義持』（吉川弘文館）ほか、多数

高志書院選書 13

動乱と王権—南北朝・室町時代—

2021 年 11 月 15 日　第 1 刷発行

著　者　伊藤喜良
発行者　濱　久年
発行元　高志書院
〒 101-0051 東京都千代田区神田神保町 2-28-201
TEL03(5275)5591　FAX03(5275)5592
振替口座　00140-5-170436
http://www.koshi-s.jp

印刷・製本／亜細亜印刷　装丁／矢部竜二
ISBN978-4-86215-223-7